Milagres e Aparições de Nossa Senhora

Bridget Curran

EDITORA FUNDAMENTO

Editor e edição de texto: Editora Fundamento
Capa: Willian Bill
Editoração eletrônica: Bella Ventura Design e Eventos Ltda.
CTP e impressão: SVP - Gráfica Pallotti

Primeira publicação em 2008.

Dados Internacionais de Catalogação na Publicação (CIP)
(Câmara Brasileira do Livro, SP, Brasil)

Curran, Bridget
Milagres e Aparições de Nossa Senhora / Bridget Curran; [versão brasileira da editora] – São Paulo, SP: Editora Fundamento Educacional, 2010.

Título original: The miracles of Mary

1. Nossa Senhora - Aparições e milagres I. Título.

10-03836 CDD-232.917

Índices para catálogo sistemático

1. Nossa Senhora : Aparições e milagres : Cristianismo 232.917

Fundação Biblioteca Nacional

Depósito legal na Biblioteca Nacional, conforme Decreto n.º 1.825, de dezembro de 1907.

Impresso no Brasil

Telefone: (41) 3015 9700
E-mail: info@editorafundamento.com.br
Site: www.editorafundamento.com.br

Nihil Obstat: Rev. Fr. Brian G. O' Loughlin, JCD PhD
Vigário Geral

Imprimatur: +Barry James Hickey DD
Arcebispo de Perth, WA
11 de fevereiro de 2008
Festa de Nossa Senhora de Lourdes

O Nihil Obstat e o Imprimatur são uma declaração de que um livro é considerado livre de erro doutrinal ou moral.

Sumário

Prefácio

Eu nunca, jamais quis escrever um livro sobre Maria. Nunca tive uma grande devoção a ela, muito pelo contrário: quanto mais via Maria ser reverenciada, mais crítica me tornava. Muitas de minhas amigas adoravam Maria e tentavam de tudo para que eu também a amasse. Discutiam comigo, apresentavam argumentos teológicos e intelectuais, contavam belas histórias românticas e me mostravam imagens sentimentais dela. Nada funcionava.

Bem, isso não é estritamente a verdade. Acredito firmemente no poder da prece e acho que as orações delas começaram a surtir efeito dentro de mim. Eu não conseguia me livrar da sensação de que algo estava errado. Será que todas aquelas pessoas tão queridas estavam enganadas quanto a Maria, ou será que o engano era meu? Comecei a orar para que Deus me fizesse amá-la tanto quanto Ele o desejasse.

Acho que este livro é a resposta àquelas orações. Quando Maggie Hamilton, da editora Allen & Unwin, me telefonou para conversar a respeito de um livro sobre Maria, pensei que ela mesma fosse escrevê-lo. Quando ela pediu que *eu* o escrevesse, foi uma verdadeira surpresa. Tentei sugerir outros autores mais capacitados para a tarefa, pois sentia que tal obra deveria ser confiada a alguém com uma forte devoção a Maria. Mas logo percebi que era algo que eu precisava fazer.

Se eu presenciasse uma aparição de Maria, pensaria estar vendo um fantasma. Se escutasse sua voz, acharia que estava enlouquecendo. Mas, se eu dedicasse muitos meses a ler, pesquisar, escrever, orar e conversar com desconhecidos de muitas culturas e religiões do mundo inteiro, talvez também pudesse vir a compreender e amar Maria. Sempre quis ser escritora e adoro ouvir as histórias dos outros. Maria sabe como tocar cada um de seus filhos de um jeito especial e individual, e tenho convicção de que este livro foi sua forma de tocar a mim também.

Introdução

Quem é Maria?

Ela era uma moça judia pobre, noiva de um homem mais velho, José. Um anjo lhe apareceu e pediu que ela desse à luz o Filho de Deus. Ela ficou atônita, pois era virgem e não podia imaginar como aquilo seria possível. Mesmo assim, consentiu com humildade. O anjo lhe garantiu que tudo é possível em Deus e desapareceu.

José sabia que a criança não podia ser sua. Ele era um homem bom e piedoso e quis poupar Maria da vergonha e do escândalo de um divórcio público. Decidiu então romper o noivado discretamente. Um anjo apareceu e lhe disse para ignorar os temores e as dúvidas e tomar Maria como esposa. José aceitou, e os dois se casaram. Após o nascimento de Jesus, Maria esteve ao seu lado durante todos os eventos grandiosos e terríveis da vida do filho. Depois de sua morte e ressurreição, ela continuou a viver uma vida de fé e humildade até morrer e ser levada aos céus.

Esta é uma história estranha, e há séculos as pessoas se esforçam para compreendê-la. Ainda mais estranhas são as muitas belas histórias que surgiram após a morte de Maria. Sua presença no mundo ainda é sentida por pessoas de muitas culturas e religiões. Mesmo para aqueles que não foram criados dentro de uma religião formal, a figura de Maria exerce uma atração inexplicável.

Mesmo antes da morte de Maria, os profetas falavam sobre uma virgem poderosa de origem humilde que daria à luz o redentor da humanidade. Não é fácil crer em uma pessoa assim, muito menos compreendê-la e amá-la.

Nenhuma outra mulher na história teve um papel tão singular e tão louvado, e é quase inacreditável que tal pessoa tenha realmente existido. Ninguém parece ter se surpreendido mais com isso do que a própria Maria. Tudo o que sabemos sobre ela indica que era uma mulher humilde. Ela foi um instrumento, ao mesmo tempo mãe, filha e esposa de Deus, e apesar de tudo isso – e apesar de seus milagres extraordinários e às vezes espetaculares – ainda é muito humana.

O amor lhe deu mil nomes.

- Hino flamengo sobre os muitos títulos de Maria

Quem é realmente Maria? Temos muitos nomes inspirados para ela: Mirra dos Mares, Fonte de Luz, A Iluminada, Mãe do Senhor. Como foi que uma moça judia pobre, Miryám, esposa de José e mãe de Jesus Cristo, tornou-se Nossa Senhora, Santa Maria, a Virgem Santa, Mãe Sagrada?

Pode-se levar uma vida inteira para conhecer Maria e as muitas formas como ela é adorada. Com o desenrolar destes capítulos, espero que o leitor possa vivenciar a beleza, o poder e a delicada sabedoria desta mulher e compreender por que ela significa tanto para tantas pessoas.

Este livro não contém um relato exaustivo de todos os milagres de Maria, mas um vislumbre de quem ela é. Por vezes, há semelhanças espantosas entre histórias ocorridas em culturas e épocas muito distintas. Maria aparece para nós de muitas formas, através da arte e da palavra escrita, por meio de aparições ou, às vezes, como uma presença ou inspiração. Embora o sentido de sua mensagem nem sempre seja claro, a motivação por trás dela sempre é o amor, o amor gentil e intenso de uma mãe por seus filhos.

Maria de Matara

Sri Lanka

No início da manhã de 26 de dezembro de 2004, a cidade litorânea de Matara, no Sri Lanka, foi atingida por um *tsunami* que roubou a vida de milhares de pessoas. O padre Charles Hewawasam estava no meio de uma missa quando uma mulher começou a gritar no fundo da igreja. Seu primeiro impulso foi ignorá-la, mas então ele viu uma caminhonete passar flutuando pela janela. Mal teve tempo de alertar os fiéis antes que a modesta igreja fosse inundada. Todos correram para o segundo pavimento de um edifício de três andares, perto dali.

Os momentos caóticos que se seguiram pareceram durar uma eternidade. Quando a água começou a recuar, o padre Charles voltou à igreja para resgatar as hóstias e uma pequena estátua muito estimada da Virgem Maria com o menino Jesus. Mas era tarde demais: a estátua havia sido carregada pela força das águas. O padre ficou parado, paralisado pelo choque daquela perda, até que uma mulher gritou seu nome do mezanino do coro, dizendo para ele se salvar enquanto era tempo. Com um peso no coração, ele se virou e correu para a porta. As águas já haviam recuado, deixando para trás uma faixa de 1 quilômetro e meio de terra encharcada.

Sem demora, ele correu na direção da casa paroquial, onde havia deixado a mãe, familiares e amigos. Para seu espanto, a construção inteira fora coberta pela água. Só o que ele podia fazer era ajudar os feridos. De alguma forma, reuniu forças para arrastar as pessoas que encontrou para dentro de um prédio mais novo, onde muitos de seus paroquianos tinham se refugiado.

Mas isso foi somente a calmaria que precede a tempestade. Apenas quinze minutos após a primeira onda, veio uma segunda, ainda mais arrasadora. Os que tinham se abrigado no prédio de três andares assistiram horrorizados a seus amigos e vizinhos serem esmagados por destroços e paredes que desabavam, ou serem carregados pelas ondas. Então uma terceira onda se abateu sobre eles. Os gritos agoniados e as preces desesperadas foram silenciados pelo rugido da montanha de água.

Quarenta e cinco paroquianos sobreviveram, incluindo amigos e familiares do padre Charles. Outros 23 não tiveram a mesma sorte. A irmã Bernadette Koolmeyer, que menos de uma hora antes estivera ao lado do padre Charles auxiliando-o a celebrar a missa, também se fora. Tudo o que o padre Charles possuía fora carregado na enchente. Ele não tinha dinheiro, roupas, nem mesmo sua batina.

Para piorar a tragédia do tsunami, havia a perda da Senhora de Matara, tão amada por todos naquela paróquia. Só restava o pequeno pedestal no qual a bela estátua repousara por muitos anos. Ao olhar desconsolado para o pedestal vazio, o padre Charles espantou-se ao perceber que o vidro que protegera a preciosa imagem estava intacto. Parecia que Maria havia simplesmente sumido. As joias valiosas da estátua também tinham desaparecido. Com quase cem anos de idade, elas eram usadas para decorar a imagem durante as festas anuais dedicadas à Virgem.

Desalentado, o padre Charles retornou à igreja com um grupo de ajudantes para avaliar os estragos. No caminho, encontrou um rapaz que, incrivelmente, trazia na mochila as joias pertencentes à Nossa Senhora de Matara. Era um sinal extraordinário, mas o verdadeiro milagre ainda estava por vir.

Os dias que se seguiram foram exaustivos. O padre Charles dedicou-se à triste tarefa de encontrar corpos, identificar e sepultar os mortos e consolar os paroquianos. À noite, rezava pedindo forças com um grupo de fiéis reunidos em torno de uma antiga fotografia de Nossa Senhora de Matara encontrada entre os destroços de seu quarto.

Então, no alvorecer do dia 29 de dezembro, dois homens entraram correndo na casa temporária do padre Charles.

– Padre! Padre! – eles chamavam muito agitados. – Encontramos Nossa Senhora de Matara!

A 400 metros dali, a estátua viera dar em uma praia arenosa. Atraído pelo objeto reluzente entre as árvores, o caseiro da propriedade descobrira a imagem.

O achado era milagroso em muitos aspectos. A pequena e frágil coroa do menino Jesus estava intacta. As mãos, parte de um pé e uma corrente de ouro estavam faltando, mas mesmo essas peças minúsculas logo seriam encontradas entre os destroços espalhados pela praia. A Senhora de Matara havia retornado à costa onde aparecera pela primeira vez muitos anos antes.

Séculos atrás, um grupo de pescadores encontrou uma imensa caixa presa em suas redes no litoral de Matara. Dentro dela estava uma pequena estátua da Virgem Maria com o menino Jesus nos braços. Embora tivessem passado um bom tempo na água salgada, ambas as imagens estavam em perfeito estado. A estátua foi doada ao padre da paróquia de Matara.

Alguns anos depois, uma epidemia de cólera varreu a região. Centenas morreram. Desesperadas, pessoas de diferentes religiões rezaram para Nossa Senhora de Matara e a carregaram em uma procissão solene pela cidade devastada pela doença. Surpreendentemente, dentro de alguns dias a área foi declarada segura outra vez. Não houve mais casos de cólera nem novas mortes. A Senhora havia salvado seu povo.

Gastas por séculos de lágrimas, beijos e carícias dos devotos agradecidos de Maria, as feições da estátua começaram a se apagar. Em 1911, o bispo local, Joseph Van Reeth, decidiu enviá-la à Bélgica para ser restaurada. Pela primeira vez em trezentos anos, Nossa Senhora de Matara deixou as praias do Sri Lanka. Condizente com o título de Estrela dos Mares concedido a Maria, a estátua viajou de navio. Os reparos foram feitos com sucesso, mas o barco que levava a imagem de volta para seu lar viu-se apanhado em duas tempestades furiosas e quase naufragou. Grande parte da carga teve que ser lançada ao mar, incluindo a estátua.

Após uma busca exaustiva por toda a Europa e a Ásia, a estátua foi encontrada em mãos de um homem que se recusou a devolvê-la sem um generoso pagamento. Tendo suas exigências negadas, ele quebrou o rosto da imagem com um martelo e jogou-a no lixo. Ela foi recuperada e enviada de volta à Bélgica para um novo conserto. Após outra jornada tempestuosa de volta para casa, Nossa Senhora de Matara permaneceu em sua paróquia em relativa tranquilidade, até o dia do *tsunami*.

Refúgio na tristeza, Estrela dos Mares
Orai pelos que sofrem, Ó, orai por mim

- Hino católico em honra a Maria, Salve, Rainha dos Céus

Banhada pelo oceano Índico, Matara não é uma cidade grande. O rio Nilwala serpenteia em meio a ela, nutrindo os campos de arroz, chá e temperos. Mas o mar e a pesca também são importantes para os habitantes de Matara. Não surpreende que a padroeira de um local onde as águas trazem a vida e a morte tenha emergido das ondas, sua história tão conturbada e imprevisível quanto o próprio mar.

Pouco se sabe a respeito das origens da Senhora de Matara, exceto que ela foi esculpida em estilo português e que tem aproximadamente 300 anos. A pequena estátua foi talhada em um pedaço de freixo – um tipo de madeira associada no passado aos deuses da Europa antiga e à previsão do clima. O freixo também era ligado às tempestades, que trazem chuva e fertilizam a terra. Por ser uma planta "da água", acreditava-se que o freixo teria controle sobre os quatro elementos, podendo ser usado para proteção, prosperidade, profecias, saúde e rituais envolvendo a água e o mar. É curioso que Nossa Senhora de Matara, feita de um material longamente associado à água, tenha surgido tão misteriosamente das ondas do mar. Porém mais sublime é o fato de ela ser um importante símbolo de amor, esperança e conforto para o povo local, os budistas, muçulmanos e cristãos de Matara.

A história de Nossa Senhora de Matara nos lembra o cuidado constante de Maria para com os seres humanos ao longo de muitos séculos e em alguns dos eventos mais traumáticos que se pode imaginar. Maria sempre parece estar perto de nós, uma presença forte, porém gentil, para aqueles que a conhecem, e uma figura ainda mais misteriosa para os que não estão familiarizados com ela.

Maria de Vailankanni

Índia

Na Idade Antiga, Vailankanni, no sul da Índia, era uma parada na rota de comércio para Roma e Grécia, mas com o passar do tempo sua fabulosa história de cidade portuária foi esquecida. Hoje apenas uma pequena cidade na baía de Bengala, ela abriga uma devoção profunda e imemorial.

Em um dia ensolarado e quente do século 16, um jovem pastor hindu cumpria suas tarefas diárias. Enquanto percorria a rua Anna Pillai para fazer uma entrega de leite, o calor brutal lhe pareceu ainda mais opressivo do que o habitual. Ao parar para descansar sob uma figueira às margens de um lago, o menino exausto caiu em sono profundo. Com uma súbita rajada de vento, ele acordou e viu aparecer diante de si uma mulher banhada em luz. Ela segurava uma criança nos braços e, sorrindo, pediu um pouco de leite para seu filho.

Atônito, o rapaz pôs-se em pé num pulo e ofereceu-lhe o leite. Depois que a criança bebeu, ela e a mãe sorriram com gratidão e o menino pastor seguiu alegremente seu caminho.

Ao se aproximar de seu destino, ele se assustou ao se dar conta de que o leite que havia dado não era seu. Pertencia ao cliente, um próspero latifundiário que era o tipo de homem a quem não era aconselhável desagradar. Interrogando-se sobre o que fazer, o menino concluiu que deveria contar a verdade ao homem.

Quando chegou à casa do latifundiário, este estava furioso. Queria seu leite sem atrasos. O menino explicou por que demorara tanto e pediu muitas desculpas por não trazer o leite consigo. Mas quando os dois olharam para o tarro viram que este estava se enchendo sozinho. O leite chegou até a borda e começou a transbordar. Percebendo que a mulher que o pastor encontrara não era uma pessoa comum, o latifundiário retornou com ele ao lago. Para a surpresa dos dois, a senhora apareceu outra vez. Se alguma palavra foi trocada entre eles, a história não registra. A notícia do incidente logo se espalhou, e o alvoroço do povo local ainda é lembrado quando se fala da estranha e adorável mulher. O lago passou a ser conhecido como Matha Kulam, lago de Nossa Senhora.

Outro menino de Vailankanni costumava vender leite sentado nos galhos baixos de uma figueira. Aleijado desde o nascimento, ele vivia na pobreza com a mãe viúva e mendigava para complementar a escassa renda da família. Sua mãe o carregava até a árvore todas as manhãs e voltava para buscá-lo no fim do dia.

Em um dia muito quente no final do século 16, o menino se assustou com uma súbita luz brilhante. Imediatamente gritou por ajuda, mas então viu uma bela mulher surgir na sua frente. Ela levava um bebê no colo com a mesma ternura com que sua mãe o carregava até a figueira todos os dias. A criança tinha um brilho etéreo, e mãe e filho vestiam roupas de um branco esfuziante. A mulher sorriu e, com voz muito doce, pediu uma xícara de leite para seu filho.

O menino sentiu uma alegria inexplicável ao lhe passar a xícara e ver a criança beber. Embora não conhecesse aquelas pessoas, era como servir a dois nobres. Ele ficou emocionado com o apreço e o amor que pareciam emanar da dupla.

– Escolhi este local para favorecer meu povo – disse a senhora.

Ela agradeceu ao menino por sua generosidade e pediu que ele fosse a Nagapattinam, a 15 quilômetros de distância, para visitar um certo homem riquíssimo. Queria que o menino relatasse a ele o acontecido e solicitasse a construção de uma capela em sua honra em Vailankanni.

Com grande tristeza, o menino explicou que não podia ajudá-la, pois era aleijado. Mas a mulher simplesmente sorriu e disse a ele que andasse.

O menino ficou em pé e deu alguns passos. Subitamente, nada parecia impossível. Aos saltos, ele correu todo o caminho até Nagapattinam, animado por sua boa saúde.

Em Nagapattinam, a tarefa do menino foi fácil. Maria visitara o homem rico em um sonho na noite anterior, instruindo-o a construir uma capela em sua homenagem. Agora, aquele menino sem fôlego apenas confirmava a missão. Juntos eles foram ao local onde o jovem tivera a visão e ajudaram a construir uma pequena capela com teto de palha dedicada à senhora. No altar foi colocada uma estátua da mulher com seu bebê – que agora eles sabiam ser Maria e Jesus.

A sensação que eu tive naquele instante vem desde então se tornando mais forte: todas aquelas prostrações e preces não podiam ser mera superstição; as almas devotas ajoelhadas perante a Virgem não podiam estar reverenciando um simples pedaço de mármore. Tenho a impressão de que por meio daquela devoção eles não estavam diminuindo, e sim fazendo crescer a glória de Deus.

- Mahatma Gandhi, *Minhas experiências com a verdade: Uma autobiografia*

O povo do lugar ficou impressionado com a cura milagrosa do menino aleijado. A história se espalhou, e logo peregrinos de todas as religiões começaram a encher a capela em busca de paz e consolo. Muitos outros milagres foram atribuídos a preces feitas à estátua da Santa Mãe com a Criança, que passou a ser conhecida como Arokia Matha – Nossa Senhora da Boa Saúde.

O terceiro grande milagre de Vailankanni aconteceu em suas praias arenosas um século mais tarde, quando um navio mercante português foi apanhado em uma violenta tempestade enquanto viajava de Macau ao Ceilão. Ventos furiosos impulsionavam ondas gigantescas contra o navio indefeso. Todos a bordo caíram de joelhos e rezaram para Maria, prometendo construir uma igreja dedicada a ela onde quer que conseguissem atracar.

De repente, fez-se silêncio. Os ventos cessaram, as ondas recuaram e em pouco tempo o mar estava calmo. Espantados e aliviados, os marinheiros guiaram o barco danificado até Vailankanni.

Os pescadores do povoado ficaram surpresos ao ver um grupo de homens encharcados e exaustos ajoelhados na praia, rezando aos prantos. Reconhecendo-os como cristãos, conduziram os marinheiros à capela simples e já muito antiga de Nossa Senhora da Boa Saúde.

Lá os homens continuaram a agradecer por suas vidas. Quando os habitantes do lugar lhes contaram a respeito das origens milagrosas do santuário, eles agradeceram a Deus e a Maria e ficaram perplexos com o significado da data que os levara até ali. Era 8 de setembro, dia consagrado ao nascimento da Virgem Maria.

Com a promessa em mente, eles começaram a construir uma igreja de tijolos com um grande domo e janelas europeias no local da antiga capela de palha. O dia em que a nova igreja ficou pronta foi um momento de grande celebração, e o local sagrado foi dedicado à natividade da Virgem Maria. Os marinheiros voltaram muitas vezes, trazendo presentes de suas viagens pelo mundo todo. Até hoje, pratos de porcelana chinesa decorados com cenas da Bíblia ainda adornam o altar da grande basílica.

Atualmente, pessoas de todas as culturas e religiões se reúnem em Vailankanni para a novena anual, um festival de nove dias de oração em homenagem a Maria, para demonstrar sua devoção à Senhora que traz esperança e saúde.

Minha cura

Alguns anos atrás, comecei a ter problemas de saúde. Fui encaminhada a vários especialistas, mas nenhum conseguiu descobrir o que havia de errado comigo.

Por fim, fui a um hematologista que disse que eu tinha uma doença rara do sangue. Comecei a tomar medicamentos e, de início, tudo parecia bem. Mas então meu corpo passou a reagir de modo estranho, produzia ou sangue demais ou de menos. Minha família rezava ardentemente por mim e me encorajava a continuar com minhas próprias preces.

Foi então que nos falaram sobre Nossa Senhora de Vailankanni. Eu e meu esposo visitamos o santuário e, no momento em que entrei na igreja, senti uma grande paz interior que ordenava que eu me entregasse à Virgem. Segui a instrução, e foi então que o processo de cura começou.

Foi como se um grande peso fosse tirado de meus ombros. Passei a me sentir feliz, positiva e cheia de energia. Desde que retornei de Vailankanni, meu especialista confirmou que meu sangue está estabilizado. Ele afirma que Nossa Senhora certamente está cuidando de mim. Agora que passei por essas dificuldades, rezo pelos enfermos todos os dias. Meu esposo e eu voltamos a Vailankanni para agradecer a Nossa Senhora da Boa Saúde e planejamos visitá-la outra vez no ano que vem.

- Sandra, *Singapura*

Maria de Aparecida

Brasil

No século 18, Guaratinguetá era uma cidade movimentada perto do rio Paraíba do Sul. O belo vale era onde os viajantes faziam uma pausa a caminho da corrida do ouro em Minas Gerais. Alguns optavam por se fixar ali e construir famílias, e assim a cidade crescia.

Revoltas, violência e conflitos nas minas de ouro levaram a grandes tensões na região. Guaratinguetá sofria com a pobreza e o desemprego. O povo precisava de esperança.

Com tudo isso, houve descontentamento quando o rei de Portugal nomeou o conde Pedro de Almeida e Portugal, conhecido como conde Assumar, para governador das regiões de Minas e São Paulo. Guaratinguetá seria local de uma de suas paradas para descanso, de forma que os habitantes precisariam fornecer alimentos e hospedagem para o conde e sua comitiva por vários dias. Para satisfazer essas súbitas exigências, foi pedida ajuda aos pescadores locais para que pegassem o maior número de peixes possível.

Três desses homens – Domingos M. Garcia, Filipe Pedroso e João Alves – estavam tendo um dia improdutivo. Vinham navegando ao longo das margens do rio Paraíba e lançando suas redes, mas desde o porto de José Correia Leite até o porto de Itaguaçu não pegaram um peixe sequer. Pararam para rezar e tentaram outra vez. Por fim, em Itaguaçu, a sorte dos pescadores mudou drasticamente, e o que eles encontraram viria a transformar suas vidas e influenciar o país inteiro para sempre.

Ao lançar a rede mais uma vez, João Alves trouxe à tona um achado incomum. Era uma pequena estatueta sem cabeça, com as mãos postas em gesto de oração. Lançando a rede um pouco mais adiante, apanhou a cabeça da estatueta: era Maria.

Juntando as duas partes, os pescadores enrolaram com cuidado a descoberta e seguiram com seu trabalho. Ao puxarem as redes novamente, surpreenderam-se com o número excessivo de peixes. Os pescadores dos barcos próximos ficaram perplexos. Os homens ficaram com medo de que o barco afundasse com o peso de tantos peixes.

Filipe Pedroso, o mais velho dos três, levou a estátua para casa. Era muito pequena, com cerca de 36 cm de altura. Filipe limpou a lama que cobria a peça de terracota e colou a cabeça ao corpo usando a cera negra das abelhas arapuá. A face serena de Maria parecia sorrir para ele cheia de compaixão, e ele se pôs de joelhos para rezar. Conta-se que esta foi a primeira oração feita à estátua:

Ó minha Senhora de Aparecida! Zelai por mim agora e na hora da minha morte. Salve, nossa Rainha, Mãe de Misericórdia!

A estátua foi chamada de Nossa Senhora da Imaculada Conceição que Surgiu das Águas. Com o tempo, o título foi reduzido para Nossa Senhora Aparecida.

A estátua foi reconhecida como um trabalho do frei Agostinho de Jesus, um talentoso monge beneditino de São Paulo, muito conhecido por suas belas esculturas. Como ela foi parar no rio é um mistério, mas deve ter permanecido sob as águas por um bom tempo, pois tinha perdido suas cores originais e tornara-se marrom-escura. Estima-se que a estátua tenha sido feita por volta de 1650 e que passou muitos anos no rio para ter perdido tão completamente a cor.

Filipe guardou a estátua de Maria pelos quinze anos seguintes, levando-a consigo cada vez que se mudava. Ela foi passada a seu filho, Atanásio Pedroso, que construiu um oratório para a estátua e convidava os vizinhos para rezarem perante ela em um altar de madeira. Foi então que se registraram os primeiros acontecimentos estranhos.

Onde quer que a estátua fosse venerada, milagres se sucediam. As velas do altar se apagavam e reacendiam misteriosamente sem que ninguém se aproximasse. Isso era considerado um sinal da proteção de Maria, que fazia renascer a luz da fé de seus fiéis. Às vezes a estátua estremecia violentamente, e escutavam-se sons vindos do baú onde ela era guardada. Maria queria estar com seu povo.

O padre local, João Alves Vilella, reuniu-se com um grupo de devotos e juntos construíram uma capela para a estátua. Mais milagres se seguiram.

Um dos mais famosos aconteceu por volta de 1790, quando um escravo negro escapou de seu mestre e foi recapturado. Segundo a tradição oral, o nome do escravo era Zacarias. O pobre homem foi amarrado com correntes pesadas, uma coleira de metal e algemas. No caminho de volta à fazenda, quando passaram pela capela, o escravo implorou ao dono que o deixasse rezar. Profundamente absorto na oração diante de Nossa Senhora Aparecida, as correntes se partiram e caíram milagrosamente do pescoço e dos pulsos do escravo. O dono de Zacarias ficou impressionado. Deixou sobre o altar uma soma em dinheiro suficiente para pagar pela liberdade de um escravo e levou Zacarias de volta para casa como um homem livre.

O santuário à beira da estrada atraía muitas pessoas, incluindo peregrinos, mascates e garimpeiros a caminho de Itaguaçu. Uma igreja foi construída no alto do morro dos Coqueiros para acomodar o número crescente de devotos. Quanto mais viajantes paravam para venerar Maria, mais a devoção se espalhava, até que o amor da Virgem conquistou o Brasil, que hoje é o maior país católico do mundo. Capelas em homenagem a Maria foram construídas por todo o país, a mais antiga datando de 1782.

Ao longo de vários séculos, a pequena capela à beira da estrada foi sendo transformada em uma basílica espetacular, e em torno dela nasceu a cidade de Aparecida. Papas e mendigos rezaram diante de Nossa Senhora de Aparecida, e seu santuário tornou-se um local de consolo e paz para peregrinos do mundo inteiro. Muitos visitam a basílica de joelhos, em um gesto de penitência, jejuando e realizando atos de caridade, como cuidar de peregrinos doentes e idosos. A gigantesca Sala dos Milagres exibe os sinais de preces alcançadas. Muletas, fotografias, mensagens escritas e réplicas de cera de partes do corpo humano são deixadas como testemunho para mostrar como as pessoas foram curadas e socorridas pela graça de Nossa Senhora Aparecida.

A estátua de Nossa Senhora Aparecida foi coroada em 1904, no dia em que se comemora o aniversário de Maria, 8 de setembro. Cerca de 15 mil pessoas se reuniram para assistir à cerimônia. Em 1931, ela recebeu o título de Padroeira do Brasil, e, em seu santuário, em meio a uma multidão de cerca de 1 milhão de pessoas, a nação foi consagrada a Nossa Senhora Aparecida. O dia da Santa, 12 de outubro, é feriado nacional. Em fins de semana normais, em torno de 45 mil pessoas rezam na basílica, mas nos dias de festa o público chega a 70 mil e, em 12 de outubro, mais de 230 mil pessoas visitam o local. Em 2008, mais de 9 milhões e meio de pessoas estiveram em Aparecida, tornando-a um dos santuários de Maria mais populares do mundo.

A senhora que apareceu tão misteriosamente continua a produzir seus milagres na vida de todos os que a buscam.

A história de Ronaldo

Devo a minha vida a Nossa Senhora Aparecida.

Eu trabalhava como motorista de táxi. Em uma noite de julho de 2006, estava passando por uma zona deserta no centro do Rio de Janeiro quando levei um tiro. Não recordo exatamente o que aconteceu. Acredito que eu tenha sido baleado por um assaltante que se passou por passageiro. Eu tinha 28 anos de idade na época.

A polícia me levou inconsciente para um hospital próximo. A bala atingiu meu peito, e eu cheguei ao hospital com uma grave hemorragia. Meu coração e meus pulmões tinham sido perfurados, e precisei ser ressuscitado e passar por cirurgias de emergência. Depois fui transferido para a UTI e fiquei em coma induzido por vinte dias. Sofri uma traqueostomia e tive que usar o respirador artificial, pois apanhei uma infecção e tive insuficiência respiratória severa.

Desde a noite em que fui baleado, meus amigos e familiares rezaram muito a Nossa Senhora Aparecida para que ela me salvasse. Os médicos não acreditavam que eu fosse sobreviver. Meu irmão rezava por mim e me visitava todos os dias na UTI. Quando fui transferido para uma enfermaria, ele passou a dormir no hospital para ajudar a cuidar de mim.

A família e os amigos acendiam velas e rezavam para Nossa Senhora Aparecida. Após vinte dias em coma induzido, comecei a melhorar. Minhas forças retornaram gradualmente, e eu já conseguia respirar sem ajuda. Quando recuperei a consciência, tinha dificuldade em recordar o nome das pessoas e não me lembrava do que tinha acontecido. Um amigo querido da família me deu a oração e a medalha de Nossa Senhora Aparecida.

Deixei o hospital exatamente um mês depois do assalto. Foi um milagre. As enfermeiras me apelidaram de Renascido, pois eu estava praticamente morto quando dei entrada no hospital e ninguém achava que eu fosse sair de lá com vida. Quando fui para casa, minha família rezou muito em agradecimento. Alguns meses depois, tive a felicidade de ir ao casamento do irmão que me acompanhara no hospital. Não tenho dúvida de que Nossa Senhora Aparecida atendeu às preces desesperadas dos meus amigos e familiares.

Ronaldo, *Brasil*

Amada mãe, Nossa Senhora Aparecida,
que nos amais e nos guiais todos os dias,
vós que sois a mais bela de todas as mães,
a quem amo com todo o meu coração.
Sei que vós me socorrereis e atendereis às minhas preces e que estareis comigo para sempre e na hora da minha morte. Amém.

- Oração a Nossa Senhora Aparecida recitada pela família e pelos amigos de Ronaldo

Querida Mãe Nossa Senhora Aparecida, vós que nos ama e nos guia todos os dias, vós que sois a mais bela das mães, a quem eu amo com todo o coração, eu vos peço mais uma vez que me ajude a alcançar esta graça, por mais dura que ela seja. Sei que vós me ajudareis a alcançá-la e me acompanhareis sempre, até a hora de minha morte. Amém.

- Oração a Nossa Senhora Aparecida recitada pela família e pelos amigos de Ronaldo

Ó Maria Santíssima, que em vossa querida imagem de Aparecida espalhais inúmeros benefícios sobre todo o Brasil, eu, embora indigno de pertencer ao número de vossos filhos, mas cheio do desejo de participar dos benefícios de vossa misericórdia, prostrado a vossos pés, consagro-vos o meu entendimento, para que sempre pense no amor que mereceis; consagro-vos a minha língua, para que sempre vos louve e propague a vossa devoção; consagro-vos o meu coração, para que, depois de Deus, ame-vos sobre todas as coisas.

Recebei-me, ó Rainha incomparável, no ditoso número de vossos filhos; acolhei-me debaixo de vossa proteção; socorrei-me em todas as minhas necessidades espirituais e temporais e sobretudo na hora de minha morte. Abençoai-me, ó Mãe Celestial, e com vossa poderosa intercessão fortalecei-me em minha fraqueza, a fim de que, servindo-vos fielmente nesta vida, possa louvar-vos, amar-vos e dar-vos graças no céu, por toda a eternidade. Assim seja.

- Oração a Nossa Senhora Aparecida
CDM - Santuário Nacional de Aparecida

Maria de Guadalupe

México

Um homem muito pobre percorria um caminho bem conhecido nos morros rochosos da periferia de Tenochtitlán, no México. Era uma agradável madrugada de dezembro, um pouco antes do alvorecer, e a luz suave do sol estava apenas começando a surgir no horizonte enquanto ele caminhava até a igreja da cidade. Ia de pés descalços e vestia apenas uma *tilma*, uma espécie de poncho tecido com as fibras ásperas do cacto.

O homem levava uma vida dura, tendo se casado e construído seu lar em um pequeno pedaço de terra, onde plantava alimentos e tecia tapetes. Em seus 57 anos de vida, testemunhara a invasão do México pelos espanhóis e o impacto desta nos seus compatriotas índios. Intrigado com a fé dos frades franciscanos que haviam se estabelecido perto de onde moravam, ele e a esposa estiveram entre os primeiros a serem batizados. Ele escolheu o nome de Juan Diego. Sua esposa morreu algum tempo após o batismo, e Juan Diego mudou-se para a casa do tio para ficar mais próximo da igreja.

O dia parecia ser como qualquer outro, até que o silêncio foi quebrado por uma melodia estranha e alegre. Ao se aproximar da base do morro Tepeyac, Juan Diego esforçou-se para escutá-la. Era como um delicado coro de muitos pássaros exóticos, tão hipnótica que ele quase teve a impressão de estar sonhando.

A melodia vinha do leste, e, quando ele olhou naquela direção, fez-se silêncio. Então uma voz ecoou da montanha, chamando-o. Sem hesitar, Juan Diego galgou a curta distância até o alto do morro e viu diante de si a figura resplandecente de uma linda menina mexicana de não mais do que 14 anos de idade. Embora o sol ainda não tivesse se erguido completamente, raios dourados emanavam do corpo da moça. Era como se uma forte luz brilhasse por trás dela, e o clarão iluminava tudo ao seu redor. As rochas cinzentas, a grama ressecada e os cactos ganhavam vida em cores que pareciam quase translúcidas. A beleza e a nobreza da menina o fizeram se lembrar de uma antiga princesa asteca.

Por fim, ela falou:

– *Xocoyte, Nopitzin, campa tiauh?* – perguntou docemente. – Juan, o menor e mais querido de meus filhos, para onde vais?

Ele ainda estava perplexo diante da figura iluminada.

– *Xocoyata* – respondeu. – Minha senhora e minha filha mais pequenina, eu estava a caminho de Tlatelolco para participar da missa e ouvir o evangelho.

Sorrindo, a bela asteca explicou que era a Virgem Maria e queria que, naquele local, fosse construída uma igreja, na qual ela demonstraria sua compaixão pelo povo e por todos os que pedissem sinceramente seu auxílio.

– Aqui verei suas lágrimas e os consolarei, e eles terão paz. Corra já para Tenochtitlán e conte ao senhor bispo tudo o que você viu e ouviu – comandou ela.

O homem atônito caiu de joelhos diante de Maria e jurou cumprir sua ordem. Erguendo-se, deixou o local abalado com o que presenciara. Enquanto se dirigia a Tenochtitlán, onde hoje fica a Cidade do México, deu-se conta da enormidade de sua tarefa. Uma igreja! A ser construída no meio do nada, a pedido de um índio pobre e velho. Até mesmo a jornada seria uma provação, pois ele nunca estivera na cidade grande antes e teria que percorrer muitas milhas. A cidade era um lugar perigoso. Os índios não eram bem tratados pelos soldados espanhóis, para não falar dos malfeitores que poderiam cruzar seu caminho. E como ele iria encontrar o bispo em uma cidade tão grande e convencê-lo a satisfazer o pedido de Maria?

Juan Diego era um homem corajoso e de grande fé. Tinha feito uma promessa, portanto foi a Tenochtitlán e de algum modo encontrou o caminho até a porta do palácio do bispo. Depois de enfrentar o desprezo e a brutalidade de seus auxiliares e esperar por um longo tempo, viu-se na presença do bispo, frei Dom Juan de Zumáraga, que tinha grande simpatia pelos índios astecas.

O religioso tinha muitos problemas a resolver. Desde a conquista do México, os administradores do rei vinham oprimindo violentamente os astecas. O bispo Zumáraga tentara alertar o rei, mas não fazia ideia se sua mensagem tinha resistido à longa viagem marítima até a Espanha. Então ele rezara para Maria, pedindo orientação e um sinal: as rosas castelhanas de sua terra natal.

O bispo escutou atentamente a estranha história de Juan Diego, mas hesitou ao ouvir a menção a uma igreja em um lugar tão isolado. Fez algumas perguntas e explicou que teria que pensar sobre o pedido. O índio podia voltar para discutir o assunto outra vez se desejasse, mas naquele momento não havia mais o que dizer. Assim, Juan Diego pediu licença e, desconsolado, iniciou a jornada de volta para casa.

Ao parar no morro onde avistara a bela Virgem Maria, lá estava ela outra vez, esperando por ele. Ajoelhando-se, Juan Diego abriu seu coração e contou-lhe sobre a visita ao bispo. Ela escutou com atenção Juan declarar que não era digno de ser seu mensageiro e implorar que ela escolhesse outra pessoa. Por fim, ela disse:

– Escute, meu filhinho – começou. – Eu poderia enviar muitos outros, mas escolhi você para esta tarefa. Por isso, amanhã de manhã, retorne ao palácio do bispo. Diga a ele que foi a Virgem Maria quem o mandou lá e reafirme o meu grande desejo de ver uma igreja construída neste local.

Juan Diego ficou alarmado com a ideia de voltar ao palácio do bispo tão cedo e admitiu à Virgem o forte receio de enfrentar a mesma recepção.

– Mas sou seu humilde servo – acrescentou – e obedeço de coração.

Com essas palavras, ele prometeu retornar no dia seguinte. Como era seu costume, levantou-se antes do alvorecer para a longa caminhada até a igreja e depois continuou diretamente para Tenochtitlán. Finalmente, chegou ao palácio do bispo. Frei Dom Juan de Zumáraga não esperava rever aquele homem estranho tão cedo. Corajosamente, Juan Diego contou ao bispo sobre o segundo encontro que tivera com Maria. Explicou também que se declarara insignificante demais para a tarefa, mas que ela insistira que ele retornasse.

Frei Dom Juan de Zumáraga fez muitas perguntas a Juan Diego e ficou impressionado. O índio parecia ser um homem simples e de grande integridade. O bispo decidiu que havia somente um modo de resolver a questão. Saiu da sala por alguns instantes e ordenou a dois empregados que seguissem Juan Diego discretamente e observassem as pessoas com quem ele eventualmente conversasse no caminho de casa. Depois voltou à presença de Juan e o dispensou.

Os empregados retornaram com um relato perturbador. Juan Diego cruzara a cidade sem falar com ninguém. Depois, seguira andando por cerca de 8 quilômetros a passo rápido até chegar a um pequeno morro, onde subitamente desapareceu. Eles tinham vasculhado a área, mas não encontraram qualquer sinal do índio.

Juan Diego andara até o morro sem se dar conta de que estava sendo seguido. Só conseguia pensar na Virgem Maria. Encontrou-a, como das vezes anteriores, no alto do morro, ajoelhou-se diante dela e contou-lhe todo o ocorrido.

Ao saber que o bispo pedira um sinal, ela pareceu ficar muito satisfeita.

– Muito bem, meu filhinho – sorriu. – Volte amanhã ao nascer do sol. Eu lhe darei o sinal que ele deseja. Você passou por grandes dificuldades a meu pedido, e eu o recompensarei. Vá em paz e descanse.

Para Juan Diego não havia outra coisa a fazer além de ir para casa. Ao chegar, encontrou seu tio idoso, Juan Bernardino, acometido por uma febre fatal. Passou a noite toda e a manhã seguinte cuidando dele, por isso não foi ao encontro de Maria na segunda-feira.

Na terça, a saúde de Juan Bernardino tinha se deteriorado, e parecia não haver dúvida de que ele estaria morto ao cair da noite. Juan Diego não podia fazer mais nada. Seu tio precisava que um padre lhe desse a extrema-unção e, por insistência do idoso doente, Juan Diego correu até Tlatelolco para buscar o sacerdote.

No caminho, Diego teria que passar pelo local onde vira Nossa Senhora. Envergonhado, tentou contornar o morro por uma rota diferente para evitar um encontro, mas ela surgiu em seu caminho e perguntou o que havia de errado.

Ansioso e ofegante, ele contou sobre a doença do tio e explicou que lhe fazia um último favor ao buscar o padre. Também implorou que ela o perdoasse por não ter comparecido ao encontro após ter prometido levar um sinal milagroso ao bispo. Maria escutou-o com compaixão, disse que ele não devia se preocupar e prometeu curar seu tio para que Juan Diego pudesse cumprir a missão que ela determinara para ele.

– Suba ao alto do morro – ela instruiu – e corte as flores que lá crescem. Traga-as para mim.

A tarefa parecia banal demais quando havia outros assuntos mais importantes a resolver e, além disso, naquela época do ano costumava haver geada nas partes altas, e nenhuma flor poderia ter desabrochado lá.

Mas Juan Diego encontrou dentro de si a fé de que precisava para obedecer. Ao subir o morro, ficou surpreso ao ver as rosas frescas. Colheu as flores em seu poncho grosseiro e correu de volta a Maria. Ela arrumou-as delicadamente, dedicando muito cuidado a cada botão. Quando considerou o arranjo perfeito, atou as pontas da *tilma* na nuca de Juan Diego para que as flores não caíssem.

Ela advertiu que ele não mostrasse a ninguém além do bispo o que estava carregando. Juan Diego deveria relatar todo o ocorrido e explicar como Maria havia curado seu tio e montado o arranjo de flores. As últimas palavras de Maria foram simples e inspiradoras:

– Lembre-se, filhinho, de que você é o meu fiel embaixador, e desta vez o bispo vai acreditar em tudo o que você disser.

Com essas palavras de despedida, Juan Diego iniciou o longo caminho até a cidade outra vez, tendo como única companhia a doce fragrância das rosas. Ao chegar ao palácio, os empregados, curiosos, agarraram Juan Diego e espiaram dentro de sua *tilma*. Mas cada vez que tentavam tocar nas rosas elas pareciam se transformar em uma pintura ou bordado sobre o tecido áspero. O burburinho alertou o bispo para a presença do visitante.

Juan Diego se viu forçado a quebrar as regras de etiqueta e permanecer em pé por medo de deixar cair as rosas. Ele contou a história de seu terceiro encontro com a Virgem Maria e, então, erguendo as mãos, desatou o nó. Rosas castelhanas frescas caíram imediatamente ao pés do bispo, suas pétalas delicadas enchendo o salão de um perfume sublime. Fantásticas como eram as flores, ainda assim a atenção de todos se voltou para Juan Diego.

Os empregados do bispo caíram de joelhos. Impressa na trama do poncho do índio havia uma imagem da Virgem Santa como Juan a descrevera – uma linda mulher asteca, jovem e humilde, mas que irradiava dignidade e um amor profundo e generoso.

Enquanto todos admiravam a *tilma,* o bispo contemplava as rosas. Sua prece pessoal a Maria tivera resposta. Ficou em pé em silêncio, tomou delicadamente a *tilma* de Juan Diego e a pendurou na parede atrás do altar em sua capela particular, onde o índio se ajoelhou com os outros para reverenciar o sinal divino criado por Maria.

Juan Diego permaneceu como convidado no palácio um dia e uma noite. Seu poncho foi levado em procissão triunfante até a catedral para que todos pudessem rezar perante a imagem sagrada. Depois ele levou o bispo até o alto do morro onde falara com Maria. Ela não estava lá, mas não havia dúvida sobre o que deveria ser feito. A igreja de Maria seria construída naquele exato local.

Vendo sua missão cumprida, Juan Diego retornou à casa de seu velho tio, o qual veio recebê-lo na porta com uma história espantosa.

Sozinho e gravemente doente, Juan Bernardino perdera a esperança de viver sequer mais um dia. Então, em um momento de grande desolação, uma suave luz branca encheu seu quarto e uma linda jovem surgiu ao seu lado. Enlevado com aquela presença, ele sentiu uma paz profunda. Ela prometeu que ele seria curado, e ele teve certeza de que ela falava a verdade. Ela explicou que tinha pedido ao sobrinho dele que levasse ao bispo uma imagem dela para ser venerada em Tepeyac.

– Eu e minha imagem deveremos ser chamadas de Santa Maria de Guadalupe – disse ela então, e com essas palavras desapareceu, deixando o homem imerso na luz do alvorecer que se iniciava.

Ele estava curado.

Juan Diego viveu mais dezessete anos após seus encontros com Maria, em uma pequena peça junto da igreja que ele tinha se esforçado tanto para ver dedicada a Nossa Senhora. Lá recepcionava todos os visitantes como guardião oficial da *tilma*. Contava sua história aos viajantes e respondia a todas as perguntas pacientemente. Morreu em paz em 1548, retornando finalmente aos braços de sua amada mãe de Guadalupe.

A simbologia da imagem gravada na *tilma* de Juan Diego era especialmente significativa para os nativos predominantemente pagãos e analfabetos do México. Ao colocar-se em frente ao sol, Maria demonstrava sua superioridade em relação ao deus índio do sol, Huitzilopochtli; ao colocar-se em frente à Lua crescente, afirmava sua superioridade em relação ao deus da Lua, Tezcatlipocha. Mas sua cabeça humildemente curvada e as mãos em oração sugeriam que ela também se prostrava perante alguém maior. A cruz negra sobre sua garganta indicava seu filho, Jesus Cristo. A visão da imagem da Senhora de Guadalupe foi suficiente para transformar os corações de toda uma nação, e muitos se converteram instantaneamente. O poncho gasto de um camponês mexicano realizara o que nem todos os sermões entusiasmados dos missionários espanhóis haviam conseguido. No período de sete anos após o milagre, estima-se que 8 milhões de mexicanos tenham se convertido ao cristianismo. Até hoje o México tem profunda devoção a Maria.

No século 20, avanços científicos permitiram aos fiéis ter um vislumbre dos olhos de Maria. Ao examinar algumas fotografias da Nossa Senhora de Guadalupe em 1929, Alphonso Marcue Gonzáles notou algo estranho. Ampliando cuidadosamente os olhos da imagem, ele viu a figura inequívoca de um homem com o rosto barbado e um halo parcial, que correspondia às descrições contemporâneas de Juan Diego.

Médicos e optometristas confirmaram a presença da figura e sugeriram ainda que os olhos de Maria refletem os raios da luz da mesma forma que olhos humanos quando examinados. Será que seu último olhar cheio de amor para Juan Diego ficou preservado para sempre?

A ciência enfatizou as qualidades milagrosas da imagem. Testes com raio X, fotografias em infravermelho e especialistas em arte confirmaram que o tecido de fibras de cacto, inteiramente inadequado como suporte para pintura, já ultrapassou em muito a durabilidade de vinte anos que normalmente teria antes de se desintegrar. Até os dias atuais, não demonstra sinais de ter sido desenhado ou pintado com pincéis. Tinta a óleo, têmpera, aquarela e afresco parecem ser os principais métodos usados para criar as diferentes partes da imagem. Exatamente como foram aplicados e como a imagem sobreviveu sem sinais de desgaste ou danos por mais de quatrocentos anos permanece um mistério.

Devotos pintaram outras imagens na *tilma*, por cima ou ao lado da Nossa Senhora de Guadalupe, mas estas se mostraram fáceis de distinguir do original. Os acréscimos à imagem desapareceram com o tempo, mas a figura primordial se mantém a mesma. As bordas douradas, as estrelas e os bordados nunca se apagaram, por isso muitos os consideram parte da imagem milagrosa original. Ela quase foi destruída duas vezes: primeiro quando uma pessoa encarregada da limpeza acidentalmente derramou ácido nítrico sobre a imagem e novamente em 1921, quando uma bomba escondida em um buquê de flores foi deixada no altar da igreja. O crucifixo de metal do altar ficou retorcido, o mármore e os vitrais se estilhaçaram, mas a *tilma* e sua redoma de vidro permaneceram intactas. O crucifixo danificado ainda é exibido na igreja, como testemunho da força explosiva que não foi páreo para o poder da Senhora de Guadalupe.

Deus do poder e da glória,
Vós abençoastes as Américas em Tepeyac
com a presença da Virgem Maria de Guadalupe.
Que as preces da Santa ajudem todos os homens e todas as mulheres
a aceitarem uns aos outros como irmãos e irmãs.

Pela Vossa justiça, presente em nossos corações,
que Vossa paz reine no mundo.

- Prece de abertura do memorial de Nossa Senhora de Guadalupe

Maria de Walsingham

Inglaterra

A Inglaterra já foi uma nação tão devotada à Virgem que era conhecida como "o dote de Maria". No coração do país encontra-se o humilde vilarejo medieval de Walsingham – "a Nazaré da Inglaterra", um centro de peregrinação.

Assim como a vida, realizar uma peregrinação não é fácil, mas pode ser profundamente gratificante. Alguns acreditam que certos pontos sagrados atraem as pessoas por serem locais onde os céus encontram a terra e o divino se torna quase tangível.

No século 11, Walsingham era uma aldeia próspera localizada entre Norwich e King's Lynn. Ali a nobre saxã Richeldis de Faverches casou-se com o senhor feudal de Walsingham Parva, e eles tiveram um filho, Geoffrey. Richeldis ficou viúva muito cedo e dedicou-se à caridade, sendo generosa com todos a sua volta. Tinha um amor profundo por Maria e ensinou seu filho a reverenciá-la também. Ele acabou por lutar nas Cruzadas, realizando o sonho de conhecer a casa original de Maria em Nazaré.

Maria muitas vezes traz consolo aos fiéis que se preparam para momentos difíceis, e a conquista da Inglaterra pelos normandos não tardava quando Richeldis recebeu uma visão extraordinária da Virgem. Walsingham, ela foi informada, se transformaria em um local de contemplação e milagres muito depois da invasão do país.

Richeldis foi levada em espírito a Nazaré, onde Maria pediu que ela construísse em Walsingham uma réplica de seu lar – a mesma casa onde o Arcanjo Gabriel aparecera a Maria para pedir que ela aceitasse ser a mãe de Deus.

– Ninguém que busque meu auxílio sairá de mãos vazias – prometeu Maria. – A todos os que vierem a este local, concederei ajuda.

Obediente ao pedido de Maria, Richeldis começou a fazer planos. Ela tinha as medidas da casa, mas ainda não estava certa quanto à localização exata da réplica em Walsingham. Escolheu um local, mas o primeiro dia de construção foi cheio de problemas. Preocupada, Richeldis passou grande parte daquela noite acordada em oração e, quando finalmente adormeceu, sentiu-se despertar ao som de um coro divino que parecia estar vindo de seu jardim. Curiosa, ela seguiu as vozes e ficou perplexa ao descobrir a réplica já pronta a cerca de 200 metros de onde os trabalhos tinham começado. Quando os carpinteiros chegaram, ficaram surpresos ao ver que a casa recém-erguida era de altíssima qualidade. Todos entenderam que fora obra de anjos.

Feita de palha e taipa, a casa era de uma simplicidade notável. Conta-se que uma estátua de madeira da Madona com a Criança sentada em um trono apareceu milagrosamente em seu interior. A notícia daquele santuário sagrado se espalhou por toda parte, e a casa logo se tornou um local de peregrinação popular.

Anos depois, o filho de Richeldis, Geoffrey, deixou em seu testamento instruções para que fosse construído um priorado em Walsingham para proteger a Casa Santa, como era chamado o santuário. No século 14, uma capela dedicada a Santa Catarina de Alexandria foi erguida a uma milha de distância do priorado, como última parada para os peregrinos. O local ficou conhecido como a Capela dos Chinelos, porque ali eles deixavam seus sapatos e percorriam descalços o trecho final da jornada até a Casa Santa.

A casa ficava ao lado de um poço cujas águas foram responsáveis por muitas curas milagrosas. Em 1513, o pensador holandês Erasmo, após uma visita, relatou que aquela água especial era "eficaz para curar dores de cabeça e de estômago". Por estar perto da costa de Norfolk, Maria de Walsingham ficou conhecida como a Virgem do Mar, oferecendo consolo e orientação para marinheiros de todas as partes.

Em 1479, William de Worcester registrou que a casa media apenas um pouco mais de 7 x 4 metros. Conversões, curas e preces atendidas pareciam ocorrer constantemente ali. A lenda de Walsingham cresceu e foi imortalizada em canções e na literatura. A mais antiga história conhecida sobre o santuário é a Balada de Walsingham, do século 15, recitada por peregrinos. Sir Walter Raleigh, Chaucer e até mesmo Shakespeare fizeram referências a Walsingham. Em seu auge, era um local de peregrinação da mesma importância que Jerusalém e Roma. Dentre os visitantes estavam o rei David da Escócia, Ricardo III, a rainha Anne, a rainha Isabella da França, Roberto I da Escócia, Catarina de Aragão e Ana Bolena.

Conta-se que Eduardo I vivenciou um milagre no local, quando foi salvo de um pedaço de concreto em queda. Até mesmo Henrique VIII visitou Walsingham muitas vezes, embora tenha sido sua reforma religiosa a responsável pela destruição do santuário e a queima da estátua de Maria no século 16. Apesar disso, os relatos afirmam que ele manteve uma forte devoção à Virgem até sua morte.

Durante esse período, a comunidade agostiniana de Walsingham foi fechada, e seus bens, levados a Londres. Muitas imagens santas, incluindo a estátua de Maria, foram subsequentemente destruídas ou queimadas. Onze pessoas, incluindo o subprior, foram enforcadas e esquartejadas em frente aos portões do priorado, e a casa de prece e contemplação foi deixada em ruínas. Com o passar dos anos, a Capela dos Chinelos tornou-se um estábulo, uma ferraria, um abrigo para pobres, um celeiro e um orfanato. O rei vendeu as valiosas terras por apenas £ 90. Os muitos peregrinos que tinham venerado Maria com tanta devoção ficaram arrasados ao perder aquele lugar sagrado. Apavorados demais para adorarem Maria abertamente, os católicos ingleses pareciam não ter muita escolha além de tentar esquecer o pequeno santuário precioso que um dia fora a Nazaré da Inglaterra.

Walsingham era um lugar muito diferente no final do século 19. Charlotte Pearson Boyd, uma próspera anglicana, queria resgatar um pouco do espírito de Maria que Walsingham havia perdido. Como Richeldis séculos antes, Charlotte tinha uma fé profunda que a inspirava a realizar missões caridosas, administrando um orfanato e colaborando com várias ordens religiosas. Certo dia ela percebeu que um velho celeiro em Houghton St. Giles tinha aparência muito semelhante à de uma igreja medieval. Pesquisas revelaram que o galpão era nada menos do que a Capela dos Chinelos. Incrivelmente, ela nunca havia sido abandonada de todo. Boatos sugeriam que as pessoas tinham continuado a rezar ali ilicitamente mesmo após o local ter sido profanado.

Charlotte adquiriu a construção e logo iniciou os trabalhos de restauração da capela que tinha recebido tantos peregrinos cansados. Durante a reforma, passou por uma transformação espiritual e tornou-se católica.

No final do século 19, o papa Leão XIII reintegrou formalmente o antigo santuário de Nossa Senhora de Walsingham, e a primeira peregrinação até o vilarejo desde a Reforma finalmente foi conduzida, novamente passando pela Capela dos Chinelos.

A reconciliação e o movimento na direção de Maria vieram do padre Alfred Hope Patten, o sacerdote anglicano ao qual é atribuído o restabelecimento do santuário de Walsingham. Ele encomendou uma nova imagem, esculpida com base em um antigo selo do priorado que havia encontrado no Museu Britânico. Era a única imagem de Nossa Senhora de Walsingham que sobrevivera à destruição da Reforma.

Os anglicanos têm uma história longa e complicada de devoção mariana, pois alguns temem que a reverência à Virgem possa se transformar em idolatria. Mas aqueles que conheceram o padre Patten dizem que ele via em Maria a face amorosa de uma mãe cheia de esperança pela reconciliação de seus filhos. Ele foi consideravelmente criticado, mas o retorno de Nossa Senhora de Walsingham, de modo geral, foi um grande sucesso.

– Eu encomendei uma imagem de Nossa Senhora a um escultor – dizia o padre – e Deus fez o resto.

Tantas pessoas iam em peregrinação a Walsingham que uma igreja maior teve que ser construída em torno do santuário. Durante a construção, foi descoberta uma fonte natural que até hoje é visitada por peregrinos do mundo inteiro.

Após o fim da Segunda Guerra Mundial, as forças armadas americanas realizaram a primeira missa em muitos séculos nas ruínas do priorado, em ação de graças pela vitória.

Em 1982, quando o papa João Paulo II visitou Londres e celebrou uma missa no estádio de Wembley, a imagem de Nossa Senhora de Walsingham foi colocada no altar pelos diretores dos santuários católico e anglicano. Esse gesto simples, porém poderoso, de devoção a Maria levou a uma renovação do diálogo e da cooperação entre as religiões e a muitas preces compartilhadas. A igreja substituiu a festa de Nossa Senhora do Resgate pelo 24 de setembro, dia de Nossa Senhora de Walsingham. Nossa Senhora do Resgate foi um título dado a Maria em uma época em que a devoção a ela era vista com maus olhos, se não combatida. O reconhecimento de Maria mais uma vez como Nossa Senhora de Walsingham foi a resposta a séculos de orações para que a Inglaterra fosse devolvida a sua Mãe.

Hoje o mundo está cheio de Walsinghams, de Ontário, no Canadá, a Canterbury, na Nova Zelândia. Existe até uma Escola Casa de Walsingham em Mumbai, na Índia. E, assim como Maria viajou à Inglaterra tantos séculos atrás, ela ainda hoje continua a estender a mão aos que nela buscam refúgio.

Em 2007, grande parte de Walsingham foi inundada, incluindo a rota de peregrinação da Milha Sagrada. Durante a enchente, era impossível percorrer o trajeto de carro. Só era possível alcançar o santuário como faziam os antigos peregrinos – a pé. Incrivelmente, o santuário não sofreu qualquer estrago.

Por ser o único santuário dedicado a Maria na Inglaterra, Walsingham continua a atrair milhares de visitantes a cada ano. Além das igrejas católica e anglicana, existe uma capela originalmente metodista transformada em igreja ortodoxa russa. Os visitantes ainda identificam uma "presença poderosa e cheia de fervor", até mesmo entre as ruínas do priorado e os resquícios dos poços milagrosos. Após anos de confrontos religiosos, Maria possibilitou a Walsingham florescer outra vez e, das cinzas de um passado doloroso, a Nazaré da Inglaterra renasceu como um centro de profunda espiritualidade e reconciliação.

Maria de Nazaré, rezai por todas as famílias.
Maria, modelo de feminilidade, rezai por todas as mulheres.
Mulher humilde, rogai por nós.
Única entre todas as mulheres, mãe e virgem.
A mãe mais feliz, a virgem mais pura.

- Da litania de Nossa Senhora de Walsingham

Atraída por Maria

Foi uma foto de Nossa Senhora de Walsingham que puxou meu olhar para o anúncio do emprego de agente educacional no santuário anglicano de Walsingham, onde trabalho até hoje. Desde então, a imagem é muito especial para mim. É impossível descrever exatamente a sensação, mas, quando entro na Casa Santa em nossa igreja e ergo os olhos para a imagem, sinto-me atraída a Maria por sua capacidade de compreender a vivência de todas as mulheres. Em momentos difíceis, posso ir à presença de Nossa Senhora e desabafar tudo o que ocupa minha mente.

Muitos peregrinos que vão a Walsingham descrevem essa experiência como "voltar para casa", pois, é claro, a casa representa o lugar onde a vida de Maria virou de cabeça para baixo com a Anunciação e também o lar onde ela e José criaram Jesus.

Meu trabalho consiste em tentar mostrar às crianças o poder de um lugar – um espaço sagrado. Por mais remota que seja a lenda original, ainda acreditamos que há algo de muito poderoso neste local.

Sou anglicana e trabalho aqui no santuário há onze anos. Um de nossos pontos de devoção é o poço saxão descoberto quando a igreja estava sendo reconstruída na década de 1930. As pessoas recebem a água em uma colher e são abençoadas com o sinal da cruz enquanto ela é vertida sobre suas mãos. São símbolos de renovação, o batismo e o amor de Jesus por todos. Nesse ato simples de devoção, elas se aliviam de todos os fardos que elas mesmas ou algum ente querido estejam carregando, rezam pedindo para serem curadas, e muitas descrevem um bem-estar profundo. Muitas vezes não se trata de mudanças drásticas, mas às vezes, sim. Lembro-me de uma senhora que esteve aqui anos atrás, e que recuperou a visão.

Muitos turistas que às vezes se juntam aos grupos escolares já me disseram que foram fortemente afetados pela visita. Um casal chegou aqui certa vez com um bebê com uma doença terminal e pediu que ele fosse batizado. Um de nossos sacerdotes batizou a criança. Foi muito emocionante. Eles tinham ouvido a nosso respeito no rádio e vieram de Londres. Vê-los aliviados de tanta dor foi uma grande emoção. A criança morreu algum tempo depois.

Escuto muitas histórias de peregrinos que contam como este lugar foi uma fortaleza para eles em momentos de necessidade. Lembro-me de uma senhora idosa que ficou ajoelhada durante horas na Casa Santa enquanto eu guiava os grupos escolares. Mais tarde, ela disse que vem aqui em peregrinação uma vez por ano e que para ela é isso como voltar para casa, o mais próximo da casa de Jesus que ela pode chegar. As crianças ficaram muito impressionadas com essa demonstração de fé e com o simples desejo da senhora de vir aqui para rezar.

Muitos dos que participam das nossas peregrinações para jovens são profundamente tocados por suas experiências aqui. Eles sentem as vibrações do lugar e de toda a nossa adoração. Muitos dizem que a visita os ajuda a enfrentar as dificuldades de ser um jovem cristão. Este é um lugar neutro, onde eles podem simplesmente relaxar e ser eles mesmos. Funciona como uma esponja, absorvendo as necessidades, ansiedades e alegrias de todos e elevando-as a Deus. Nada é exigido das pessoas. Acho que esse é o poder de um lugar sagrado. Aqui há pessoas dispostas a ouvir as histórias dos visitantes e ajudar a relacioná-las à história de Deus.

Aos 7 anos, meu filho estava em uma cadeira de rodas devido a artrite e pediu para visitar o poço. Eu era cética. Ele recebeu a água e depois disse: "Ainda dói, mamãe, mas eu me sinto melhor por dentro." Acho que isso resume o que acontece em lugares como este. Vir a um local desconhecido e ainda assim receber essas dádivas, ser ouvido, ser cuidado e dedicar algum tempo à oração – tudo isso ajuda muitas pessoas.

- Janet, *Walsingham, Inglaterra*

Nos passos do meu bisavô

Quando eu era seminarista, na década de 1950, passei parte das férias com minha tia-avó em Tocumwal, às margens do rio Murray, em Nova Gales do Sul. Ela tinha ficado com alguns livros do meu bisavô, que morrera em 1896. Entre eles havia um livro de orações chamado O Jardim da Alma, *um substituto comum para o missal de domingo na época.*

Entre as últimas páginas do livro estava uma carta breve, datada, se me lembro bem, de 1848. Nela, meu bisavô explicava a seus pais que não acreditava ter muito futuro na Inglaterra, sua terra natal, e que por isso decidira emigrar para a Austrália.

Os pais o encorajaram a fazer uma jornada ao santuário "da Senhora" (como ele chamava na carta a Santa Virgem Maria) em Walsingham, Norfolk, para rezar por auxílio e orientação na capela – a antiga Capela dos Chinelos. Ele escreveu que a capela era um celeiro a uma certa distância do centro das ruínas do antigo priorado. Seus pais tinham feito a peregrinação numa época em que não havia atividade católica em torno das ruínas do antigo santuário de Walsingham.

Minha tia-avó faleceu, e ninguém sabe o que aconteceu com o velho livro de orações. Herdei vários outros livros antigos de sua biblioteca, mas tenho apenas a lembrança daquele volume. Ele foi suficiente para me motivar a seguir os passos de meu bisavô e buscar a bênção e as preces de Nossa Senhora de Walsingham para minha família, como ele fizera tanto tempo antes.

Visitei os locais sagrados diversas vezes ao longo dos dois dias seguintes e orei em silêncio nas várias igrejas e no local da antiga abadia. Uma senhora muito gentil da loja católica ao lado da capela generosamente me presenteou com uma estátua de Nossa Senhora de Walsingham, que repousa ao meu lado enquanto escrevo estas linhas.

Também entrei em outra loja, onde um grupo católico recebia contribuições dos peregrinos para auxílio aos pobres no mundo inteiro. A senhora que atendia no balcão era irmã de um ex-membro da minha paróquia. Trocamos ideias, compartilhamos notícias e rimos muito. Foi uma visita memorável.

E no que eu estava pensando quando cheguei à Capela dos Chinelos? Bem, observei como era organizada, limpa, silenciosa e inspiradora. Devia ter uma aparência bem diferente quando era um celeiro. A Igreja da Reconciliação, ao lado, era uma construção moderna e menos distinta, mas também era um lugar de prece e devoção. Peregrinos e turistas entravam e saíam o tempo todo enquanto estive lá dentro.

Tentei imaginar o que meu bisavô teria pensado. Aquele era um lugar sagrado e um centro em homenagem "à Senhora", como ele se referia à Nossa Senhora. Recitei meu rosário em pé, agradecendo a ela pelos favores e bênçãos que meu bisavô tinha buscado tantas gerações antes e que haviam sido concedidos a minha família ao longo de cento e cinquenta anos. Agradeci ao meu bisavô por sua devoção e por transmitir a fé de nossos antepassados aos seus descendentes, agora genuinamente australianos.

Depois visitei a capela em si. Acredito que ele não possa ter feito isso. Imagino que ele tenha caminhado até o local das ruínas da antiga abadia destruída pelos homens do rei quatro séculos antes. É um lugar tão cheio de paz – lindo e abençoado. Creio que ele deve ter percebido o caráter divino daquele local e a forte atração que exerce sobre os que o visitam. Isso é tudo o que restou da história contada pela carta dentro do livro de orações – mas ainda guardo-a como uma lembrança abençoada.

- Bispo Hilton Deakin, *Victoria, Austrália*

Maria de Le Puy

França

Le Puy-em-Velay abriga um dos mais antigos santuários dedicados a Maria na Europa. Uma mulher acometida por uma febre misteriosa foi ao Monte Anis na esperança de obter cura. Desde os tempos antigos o monte possuía uma forte reputação como lugar de poder e restabelecimento da saúde. Maria apareceu e pediu à mulher que fosse construída uma capela no local. Uma segunda mulher também foi curada no monte e também viu uma aparição de Maria pedindo um santuário. A capela foi construída, mas não consagrada. Quando um bispo finalmente chegou para conduzir a consagração, encontrou a capela resplandecendo de luz e cheia de música e teve certeza de que o local já fora abençoado pelos anjos.

As lendas registram uma devoção a Maria que precede até mesmo seu nascimento: a veneração de uma madona negra supostamente esculpida pelo profeta Jeremias. Outra história sugere que quando São Luís, o rei da França, foi capturado pelos mouros durante as Cruzadas, causou uma impressão tão forte no líder de seus captores que estes o presentearam com uma estátua de Maria em cedro. A imagem, que fora venerada pelos muçulmanos, foi então trazida para Le Puy, onde grandes reis, santos e papas iam rezar. Em seu auge, o santuário era um dos mais conhecidos da Europa. Durante a Revolução Francesa, a estátua que um dia foi venerada pelo imperador Carlos Magno foi ridicularizada em um arremedo de julgamento, depois guilhotinada e queimada.

Desde então, uma nova réplica de mármore negro veio substituir a madona negra original, e com ela tomou força uma nova devoção a

Maria. Uma grande estátua da Notre Dame de France (Nossa Senhora da França), datando do século 19, domina agora a paisagem de Le Puy. A imagem foi feita com o metal de 123 canhões.

Com as armas da guerra foi erguida uma torre de paz.

Tu que carregas no coração um temor,
dores, grande alegria,
tu que necessitas da força de Deus,
de Sua luz,
de Seu auxílio.
Abre teu coração a Maria,
e a seu filho, Jesus,
e a chama da tua vela
prolongará tua prece.

- Prece d'O Caminho de Puy-em-Velay

O ícone choroso da Transilvânia

Entre os tesouros mais sagrados que iluminaram a vida dos cristãos ortodoxos da Transilvânia, está o ícone santo da Mãe de Deus do Monastério Ortodoxo Romeno de Nicula. Em torno desse ícone, uniram-se gerações e gerações de cristãos ortodoxos romenos como bastiões da liberdade e da paz. Por mais de três séculos, a imagem venerada trouxe consolo e apoio para muitas almas atormentadas que rezaram perante ela.

A história da relíquia santa começa em 1681, com um padre que pintava ícones para os fiéis. Após alguns anos, esse ícone em particular foi comprado por um camponês e doado à igreja de Nicula. Em 15 de fevereiro de 1694, alguns oficiais austríacos entraram na igreja e, ao admirarem o ícone, perceberam que ele estava chorando... lágrimas de verdade saíam dos olhos da Santa Mãe de Deus. Eles correram para buscar o padre e os aldeões, e todos viram as lágrimas que caíam sobre o solo. O ícone santo continuou a chorar por vinte e seis dias, e as pessoas se revezavam para secar suas lágrimas. Muitos enfermos tocaram as lágrimas e foram curados, e conta-se que ninguém que viu a imagem santa teve morte violenta.

Muitos anos depois, o ícone foi levado por um conde húngaro para seu castelo, mas os camponeses romenos o pediram de volta e ameaçaram incendiar o castelo se a imagem não fosse devolvida. Em Viena, o imperador decidiu que o ícone deveria ser colocado em uma nova igreja, que faria parte de um monastério a ser construído pelo conde nos morros acima de Nicula, e assim foi feito.

Em 1948, quando os comunistas chegaram ao poder na Romênia, a Igreja Ortodoxa Romena passou a ser perseguida, padres foram presos, igrejas foram reduzidas a cinzas e o povo foi proibido de rezar ou participar de rituais religiosos. Os monges de Nicula temiam que o ícone fosse tirado deles mais uma vez, então o esconderam em um pequeno vilarejo perto do monastério. Ele permaneceu ali por quase vinte anos, até que as autoridades finalmente o descobriram. O bispo Teofil de Cluj recuperou a imagem e a levou para a capela do Seminário Teológico Ortodoxo de Cluj, onde ela permaneceu por muitos anos. Em 24 de março de 1992, em uma incrível peregrinação, o ícone foi levado de volta ao monastério de Nicula. Os fiéis caminharam por mais de 30 milhas (42 km) para chegar ao monastério, entoando hinos a Theotokos, a Mãe de Deus, durante todo o trajeto. Todos os anos, em 15 de agosto, centenas de milhares de cristãos ortodoxos se reúnem no Monastério de Nicula para louvar o ícone e venerar a Santa Mãe de Deus. Ao longo dos séculos, a imagem realizou muitos milagres para peregrinos que vieram em busca de auxílio e orientação.

Para mim, a visita anual ao Monastério de Nicula é o momento de maior emoção. Para onde quer que se olhe há pessoas rezando e cantando, e os olhos de todos estão brilhando de alegria. A terra se une aos céus em oração. Que Deus seja louvado em toda a Sua glória!

- Padre Marius, *Romênia*

Imagens de amor

Um ícone – representação em grego – é uma imagem, normalmente uma pintura, criada como forma de devoção e para fins de oração. É copiada cuidadosamente no estilo tradicional, assim como os manuscritos eram copiados à mão antes da invenção da imprensa. Conta a lenda que o discípulo de Cristo São Lucas Evangelista pintou os primeiros ícones. Existem muitos relatos sobre ícones milagrosos no mundo inteiro.

A autoexpressão e a improvisação não são bem-vistas na iconografia. Os ícones nunca são assinados, como um ato de humildade por parte do artista. A ênfase está no tema santo da imagem, e não no mero instrumento que tenta reproduzi-la. O objetivo da iconografia é criar a cópia mais precisa possível, captando o máximo do espírito do original que o artista for capaz. O esforço para replicar cada detalhe de um ícone requer grande concentração, o que induz a uma contemplação profunda. Assim, a arte se transforma em oração.

Os ícones fazem parte da tradição cristã ortodoxa. Com frequência representam santos ou anjos, mas um dos temas mais celebrados é Maria. Ela é retratada em muitos papéis, como mulher devota, guia, mãe que é fonte de amor e perdão e como intercessora que reza pelos que buscam seu auxílio.

Maria, Kazanskaya

Rússia

O tipo de ícone conhecido como Hodigitria – literalmente, aquela que indica o caminho – é uma imagem sóbria, porém muito bela. Maria carrega o menino Jesus, apontando para ele. Suas expressões são sérias, as cabeças não se tocam. Maria simplesmente está indicando o caminho da santidade na pessoa de seu filho. É um tipo de ícone muito antigo, atribuído, como tantos outros, ao evangelista Lucas.

A Theotokos (Mãe de Deus), ou Kazanskaya, é uma variação próxima desse estilo de ícone e retrata o menino Jesus em pé. As cópias dessa imagem geralmente são pequenas, um pouco maiores do que uma folha de papel A4, e tradicionalmente são oferecidas como presente de casamento para serem exibidas em um lugar de destaque no novo lar do casal.

Conta-se que o ícone original chegou à Rússia vindo de Constantinopla no século 13. No caos de um cerco tártaro à cidade, dois séculos depois, a imagem foi perdida.

Um incêndio destruiu Kazan no século 16. Após a tragédia, Maria apareceu em sonho a uma menina de 9 anos de idade chamada Matrona. Ela explicou à criança exatamente onde estava o ícone e instruiu-a a procurar o arcebispo. A menina assustou-se com a tarefa, mas Maria persistiu e visitou Matrona em outros dois sonhos. Finalmente, ela obedeceu, e um grupo foi montado para iniciar a escavação. Tiveram pouco sucesso.

Então deram uma pá a Matrona, e do meio dos destroços ela desenterrou a santa Senhora de Kazan. Enrolada em um pano vermelho e soterrada pelas cinzas de uma casa, a imagem ainda reluzia com toda a beleza de um ícone recém-pintado.

A suspeita era de que o ícone tivesse sido enterrado para ser protegido dos invasores tártaros do passado. Naquele momento tão difícil para Kazan, Nossa Senhora havia escolhido revelar-se outra vez. O arcebispo reverentemente levou o ícone para a Igreja de São Nicolau, onde no mesmo dia um homem cego foi curado. Muitos milagres foram atribuídos à Senhora, e grandes festas foram organizadas em sua homenagem.

Nossa Senhora de Kazan também se tornou conhecida por seus milagres. Atribui-se às preces feitas ao ícone a salvação da Rússia em três invasões distintas por exércitos poloneses, suecos e napoleônicos. No auge de sua popularidade, o ícone era carregado em procissões litúrgicas solenes pelas ruas e ao longo dos muros da cidade para que todos pudessem reverenciar Maria e pedir sua proteção para a comunidade.

Foram feitas diversas cópias do ícone, e a todas foram atribuídos milagres. Acreditava-se que uma certa imagem, roubada de uma catedral em Kazan em 1904, fosse a original. Era decorada com ouro e pedras preciosas, e, ao serem capturados, os ladrões alegaram ter rasgado e queimado a imagem. O povo viu a destruição do ícone como um mau presságio. Dentro de duas décadas houve a Primeira Guerra Mundial e a Revolução Russa. Acreditava-se que Kazanskaya protegesse especialmente a dinastia Romanov, que pereceu na Revolução.

Um dos ícones da Nossa Senhora de Kazan era mantido na grande basílica de Moscou. Durante a Revolução, ele foi levado para um local seguro sem sofrer danos, mas a basílica foi destruída. A data era 13 de outubro de 1917. Naquele mesmo dia, em Fátima, do outro lado da Europa, Maria apareceu para um grupo de crianças camponesas para alertá-las dos erros iminentes da Rússia e de sua futura conversão.

Durante a Segunda Guerra Mundial, os nazistas sitiaram Leningrado (São Petersburgo) por novecentos dias. Durante o cerco, um ícone de Nossa Senhora de Kazan apareceu e foi levado em procissão em torno das fortificações da cidade, mas logo após desapareceu na obscuridade. Outro ícone de Kazan foi venerado em Fátima na década de 1970 e mais tarde ofertado ao papa João Paulo II, que o manteve em seu escritório particular por onze anos.

– Essa imagem esteve ao meu lado – disse ele – e me acompanhou com um olhar maternal em meu serviço diário à Igreja.

O papa queria devolver Kazanskaya à Rússia, e após um período de veneração pública na Basílica de São Pedro, em Roma, o ícone foi levado a Moscou como um presente incondicional à Igreja Russa. No dia festivo do ícone, o patriarca Alexis II e Mintimer Shaymiev, presidente do Tartaristão, depositaram a imagem na Catedral da Anunciação do Kremlin de Kazan.

Por fim o ícone santo tinha retornado ao seu lar.

Ó meu povo, retornemos àquele refúgio de paz, à ajuda célere, à salvação amorosa, à proteção da Virgem. Apressemo-nos à oração e não tardemos ao arrependimento. Pois a Mãe de Deus derrama sua misericórdia, antecipa as necessidades e evita as tragédias para seus servos pacientes e tementes a Deus.

- Hino ortodoxo

Invocamos a vós, nossa Protetora.
Nada conhecemos além de vós.

- Trecho de uma prece manuscrita no verso de um ícone de Maria na Casa Ipatiev

O convento que resistiu ao fogo

Nosso convento de Nossa Senhora de Kazan está localizado na tranquila região das matas de Campbelltown, na periferia oeste de Sydney. É uma região agreste muito bonita, mas a mata infelizmente sofre muitos incêndios.

Um desses incêndios nos ameaçou alguns anos atrás, em 1990. As chamas se espalhavam rapidamente pela relva seca e pelas árvores, em uma trilha ao longo da ravina que vinha dar diretamente no convento. Ao nosso lado há uma escola, e telefonamos para alertar os professores. Enquanto a escola era evacuada, nós rezávamos, pensando no ícone da Sarça Ardente, um ícone da Virgem Maria apontando o caminho para Jesus. O nome faz referência ao arbusto em fogo que Moisés descobriu após fugir do Egito. Deus se dirigiu a ele do arbusto, explicando a Moisés que ele se encontrava em solo sagrado. Theotokos [a Virgem Maria] é como a sarça ardente. Assim como esta ardia em fogo, mas não era consumida, a Virgem Maria deu à luz o Cristo, mas manteve sua pureza.

Com a esperança de sermos salvas das chamas que se aproximavam, voltamo-nos para esse ícone sagrado. A madre superiora, a abadessa Evpraksia, carregava Nossa Santa Mãe, enquanto eu e a irmã Ambrósia andávamos ao seu lado, orando e cantando hinos em homenagem à Santa Mãe de Deus. A madre deu uma volta completa pelos limites do convento com Nossa Senhora nos braços. Por fim, retornamos à cerca do lado leste, onde as chamas agora alcançavam cinco metros de altura. Nunca vou esquecer aquela cena impressionante. A madre superiora corajosamente ergueu o santo ícone acima da cabeça e, com um grande sinal da cruz, abençoou o fogo que se aproximava.

Ele parou imediatamente. Era como se as chamas de alguma forma estivessem se prostrando no chão, curvando-se perante a Virgem. Depois desapareceram.

Na calma que se seguiu, um de nossos vizinhos apareceu espantado. Era um imigrante russo, que havia muito deixara de acreditar em milagres e no divino. Quando viu o ícone sagrado derrotar as chamas, seu coração foi tocado, e ele louvou a Deus. Foi realmente um grande milagre.

- Abadessa Maria, *Nova Gales do Sul*

O milagre da missão de Nova Norcia

Nova Norcia é a única cidade monástica da Austrália, estabelecida por monges beneditinos em 1846. Em um relato registrado em seu diário, em 1847, o bispo Rosendo Salvado descreve uma história milagrosa de fé e seus efeitos em unir duas culturas em devoção a Maria.

"... vimos que um incêndio terrível consumia a mata em torno da missão e se aproximava de nossa lavoura, da qual só metade fora colhida. Imediatamente, nós e os nativos corremos para tentar deter o fogo, mas nos vimos indefesos contra uma massa de chamas e fumaça que recobria as árvores mais altas ao longo de cerca de uma milha. Fazendo o possível, nos posicionamos para golpear a grama de um metro de altura, que já estava queimando e que se estendia por toda a distância entre nossa propriedade e a mata ardente. Para isso, usamos galhos verdes, como fazem os nativos.

Mas o fogo se aproximava, alimentado por um vento forte, sapecando nossas mãos e rostos, queimando cabelos, barbas e roupas e fazendo com que perdêssemos a esperança de controlá-lo. Nessa situação extrema, quando ficou evidente que toda a propriedade – fruto de nosso trabalho e suor – seria destruída, recorremos à misericórdia de Deus, invocando a intercessão da Virgem Santa como nossa Protetora especial. Buscamos uma imagem da Senhora Abençoada que ficava em lugar de honra em nosso humilde altar e a levamos para o canto da lavoura mais próximo das chamas, deixando-a encostada nas hastes do trigo que seria alcançado pelo fogo em poucos minutos.

Ao mesmo tempo, rezamos pedindo que nossa Protetora lançasse um olhar de piedade sobre nós e os pobres nativos. Pela grandeza de Deus, um portento inesperado ocorreu. Mal a imagem sagrada havia sido colocada em frente às chamas, o vento subitamente mudou de direção e empurrou o fogo de volta à parte já queimada da mata, e com isso o perigo se afastou.

Um grande número de nativos testemunhou esse evento maravilhoso. Alguns, olhando para o quadro milagroso, pronunciaram estas palavras com simplicidade: *Jaco Uilar tenga cumbar! Baal penin, caia baal mekan; n-alla tonga but.* (Esta senhora branca sabe tantas coisas! Foi ela quem fez isso, sim, foi ela! Não somos capazes de coisas assim.)

Em ação de graças pelo favor divino que nos fora concedido, oferecemos uma missa votiva solene para a Mãe de Deus na manhã seguinte, à qual muitos nativos compareceram. O evento tornou-se famoso; todos os nativos de outras partes que chegavam a nossa missão eram informados pelos locais a respeito do ocorrido e depois levados à capela para conhecerem a sábia Senhora Branca que era capaz de tantas coisas."

A Virgem das Serpentes

Grécia

A Festa da Dormição comemora o dia em que Maria adormeceu pela última vez. Na ilha de Cefalônia, é um dia marcado pelo estranho surgimento de pequenas cobras. Elas são consideradas inofensivas e, na verdade, seu aparecimento é visto como um sinal de boa sorte. As cobras, de coloração escura, também carregam pequenas cruzes em suas faces. Arrastam-se pela igreja Panaya de Langouvarda e por cima dos ícones de Maria, especialmente o ícone prateado da Panagia Fidoussa, a Virgem das Serpentes.

Ninguém sabe de onde elas vêm. As pessoas as tocam e rezam, ou levam uma cobra à testa pedindo proteção. Depois de 15 de agosto, elas desaparecem tão misteriosamente quanto aparecem e não são mais vistas pelo resto do ano.

A igreja fica no Monastério de Nossa Senhora de Langouvarda, que já foi um convento. Segundo a tradição, as freiras foram ameaçadas por um ataque de piratas em 1705. Vendo os invasores se aproximarem, elas pediram a proteção de Maria, que escutou suas preces e transformou-as em cobras. Quando os piratas entraram no convento, viram que estava cheio de serpentes e fugiram apavorados. O ressurgimento das cobras é um lembrete daquele dia. Conta-se que os únicos anos em que as cobras não apareceram foram em épocas de crise – as mais recentes sendo a ocupação alemã durante a Segunda Guerra Mundial e o terremoto de 1953, no qual o convento original foi destruído.

A Panagia de minha mãe

Tenho a impressão de que a palavra mais importante da língua grega é Panagia *– a Virgem Maria, santa e abençoada. Por ser humana e ter sofrido tanto, vendo seu único filho ser crucificado, ela compreende o sofrimento dos outros. Ela é muito especial para os gregos.*

Ao longo dos séculos, incontáveis milagres e graças foram concedidos por meio dos ícones de Maria. Na ilha de Tinos, existe um importante monastério com uma igreja dedicada a Maria. A igreja tem um ícone milagroso para o qual milhares de pessoas vão rezar todos os anos. Elas oram por três ou quatro dias em frente à igreja, dormindo em sacos de dormir. Os peregrinos rastejam de joelhos pela estrada que vai do porto da ilha à igreja, como parte de sua oferenda de devoção. Outros caminham descalços. Maria já salvou muitas pessoas, e a igreja está repleta de oferendas de ação de graças, normalmente feitas de prata ou ouro. Devo minha vida a Maria. Quando eu era pequena, costumava estar sempre doente e até hospitalizada. Meus pais rezaram para ela e, quando melhorei, me levaram para ser batizada na igreja de Tinos como forma de agradecer.

Minha mãe, Maria, nasceu em um pequeno vilarejo chamado Kounavi, em Creta. Kounavi tem duas igrejas, uma dedicada a Cristo e a outra à Virgem. Uma pequena capela é dedicada a São Jorge. Não cabem mais do que cinco pessoas dentro dela, e as paredes são cobertas por antigos afrescos que agora já estão muito descascados.

Essa pequena capela abriga um ícone santo e misterioso de Maria, pintado em um pedaço de tecido. Ninguém sabe realmente a história por trás dele, mas sabemos que foi uma oferenda porque na base está anotada uma data do século 19. Os moradores acreditam que esse ícone é milagroso, e pessoas em situações difíceis costumam rezar perante ele. É a Maria especial de minha mãe. Quando vejo as pessoas rezando, paradas em frente ao ícone, mirando tão profundamente a imagem de Maria, surpreendo-me ao perceber que elas falam com a Virgem como se ela estivesse ali em carne e osso. Alguns dizem que ela retorna o olhar dos fiéis. Minha mãe dizia que, enquanto rezava, sentia o rosto de Maria tornar-se mais doce e cheio de compreensão. Às vezes tinha até a impressão de que a Virgem piscava para ela. O amor dos gregos por Maria é muito bonito e especial.

- Ekaterina, *Grécia*

A Madona de Monte Vergine

Itália

O Monte Vergine sempre foi considerado um lugar sagrado. Na época pré-cristã, ali se localizava um templo dedicado a Cybele, deusa da natureza e mãe dos deuses. Nas ruínas desse antigo templo, uma igreja monástica abriga a imagem bizantina de Nossa Senhora de Monte Vergine.

No século 12, aos 15 anos de idade, William de Vercelli decidiu viver em solidão como ermitão na montanha agreste. Nessa época, o nome do local mudou de Monte Virgiliano para Monte Vergine, ou Montanha da Virgem. Quando William viu uma aparição da Virgem Maria com o menino Jesus nos braços, percebeu que Maria queria que uma igreja dedicada a ela fosse construída no lugar do templo pagão. Obedecendo ao pedido santo, William erigiu uma modesta capela. Esta atraiu outros ermitões, que formaram uma ordem religiosa chamada Monte Vergine e passaram a usar hábito branco em homenagem à pureza de Maria.

Com o tempo, a pequena construção cresceu e se tornou uma basílica espetacular, que guarda um retrato antigo de Maria de séculos atrás. Diz-se que os profundos olhos castanhos da Virgem consolam a todos que os contemplam.

Até hoje a bela trilha montanhosa que conduz à basílica costuma encher-se de peregrinos que vão rezar diante do retrato sagrado, ao qual são atribuídos muitos milagres. Um deles foi testemunhado pelo abade do monastério próximo, Dom Vitor Corvaia. Entre um grupo de peregrinos, destacou-se a voz de uma mãe atormentada. Ela havia trazido seu filho moribundo e deformado de 3 anos de idade para rezar em frente à imagem de Maria. Ao ouvirem seus soluços desesperados, os outros peregrinos se emocionaram e começaram a rezar por ela e a oferecer palavras de consolo. Chorando e gemendo, a mulher suplicou à Santa Mãe:

– Curai meu filho ou levai-o contigo!

Para o espanto de todos, o menino desvencilhou-se dos braços da mãe e saiu correndo pela igreja, completamente curado. Gritos de alegria e gratidão se ergueram dos devotos:

– *Evviva la Madonna!* – vida longa à Madona!

A montanha sagrada de Maria

Grécia

Existem locais de beleza quase mística espalhados pelo mundo todo. As pessoas percebem que esses são lugares sagrados, e muitos deles foram consagrados a Maria.

Segundo uma lenda, Maria estava viajando com João Evangelista de Joppa para Chipre para visitar Lázaro, quando o navio em que estavam foi desviado de curso pelos ventos. Forçada a desembarcar na península pagã de Atos, na Grécia, a mulher santa maravilhou-se com a beleza selvagem e pura do local, onde uma enorme montanha rochosa se erguia de dentro do mar azul profundo. A paisagem inspirou Maria a rezar, partilhando com Deus o desejo de ter a montanha para si. Uma voz respondeu:

– Que este lugar seja a tua herança e o teu jardim, um paraíso e um refúgio para os que buscam a salvação.

O Monte Atos muitas vezes é chamado de Montanha Sagrada. Localizado em uma ponta de 60 quilômetros de um dos três braços da península de Halkidiki, é a república monástica mais antiga do mundo, onde os monges ainda vivem segundo o calendário juliano. Transformada em Patrimônio da Humanidade e abrigando 20 monastérios ortodoxos, ainda pertence a Maria como no passado, tanto que não é permitida a presença de nenhuma outra mulher na montanha: os cerca de 2.250 habitantes são todos homens. Desde a promulgação de um edito oficial em 1060, as mulheres só puderam entrar em Atos em momentos de extrema necessidade. A Igreja de Protaton, no Monte Atos, possui obras de arte e murais fantásticos e também guarda o Axion Estin, o ícone sagrado milagroso da Santa Virgem Maria.

O monastério sérvio de Chiliandari, também no Monte Atos, abriga o ícone em estilo Hodigitria conhecido como Nossa Senhora das Três Mãos. No século 8º, São João Damasceno enfrentou aguerridamente os iconoclastas, que afirmavam que a veneração de ícones era um erro. São João foi acusado de traição e teve uma das mãos amputadas como punição. Ele tomou a mão cortada e voltou-se para rezar diante de um ícone de Maria que, como tantos outros, era atribuído a Lucas Evangelista. João adormeceu e, ao despertar, viu que sua mão fora milagrosamente religada ao corpo. Em profunda gratidão, esculpiu uma mão em prata e acrescentou-a ao canto inferior esquerdo do ícone.

Com a vida dedicada à prece e à solidão, as comunidades monásticas de Atos buscam a união com Deus através da intercessão da Virgem Maria. Os primeiros monges chegaram no século 2º ou 3º, enchendo a montanha com os sons de suas preces por mais de mil anos. É o único lugar na Grécia, e um dos poucos no mundo, inteiramente dedicado à oração. Com área de 350 km^2, a beleza dessa montanha de 2 mil metros de altura e coberta de sempre-verdes centenárias transcende o tempo.

Ó Virgem das alturas deste mundo, rezai por nós.
Ó Virgem dos milagres milenares, rezai por nós.
Maria, fonte da paz, sê nossa guia.

- Das preces para Montserrat

A Madona de Montallegro

Itália

Em uma quente manhã de julho em 1557, Giovanni Chichizola estava voltando para casa a pé vindo do mercado. A trilha pitoresca passava por Montallegro, uma montanha espetacular cercada por um golfo de águas azuis cristalinas que se estende até o Mar da Ligúria. Giovanni fez uma pausa para descansar à sombra, quando escutou uma voz delicada chamando seu nome. Diante dele se ergueu a figura resplandecente de uma bela mulher vestida de branco e azul. Ela explicou que era Maria e o instruiu a contar ao povo local sobre sua visão. Enquanto falava, Maria apontou para uma pequena pintura em madeira encostada em uma rocha próxima.

– Diga ao povo que este quadro foi trazido da Grécia por anjos. Deixo-o aqui como prova de meu amor por eles. Jejuem no sábado – ela ordenou e então desapareceu.

Atônito, Giovanni olhou para a pintura deixada sob seus cuidados. Era uma imagem da Virgem Maria deitada em um ataúde, cercada por anjos, santos e a Santíssima Trindade. Quando tentou pegar a pintura nas mãos, esta não se moveu. Giovanni então chamou algumas pessoas que moravam por perto para ajudá-lo. Enquanto ele contava sua incrível história, gotas de água começaram a verter da pedra onde a pintura descansava.

Giovanni correu para a cidade próxima de Rapallo e convenceu um grupo de padres céticos a acompanhá-lo até o quadro. Ao retornarem, descobriram que as gotas haviam se transformado em uma fonte borbulhante de água límpida ao lado da pintura. Um dos padres moveu a imagem com facilidade e levou-a para a igreja da paróquia.

No dia seguinte, a pintura havia desaparecido. Giovanni encontrou-a na montanha outra vez, exatamente onde estivera no dia anterior. Os habitantes do local se convenceram de que era ali que Maria queria que a imagem permanecesse. Toneladas de rocha tiveram que ser removidas para criar uma base sólida para a nova igreja, e os materiais de construção tiveram que ser carregados quase 700 metros montanha acima. Apesar desses desafios, dentro de um ano a igreja foi construída e consagrada. Em 1574, um grupo de marinheiros gregos naufragados reconheceu a imagem milagrosa como o quadro que fora venerado em Ragusa até seu misterioso desaparecimento em 1557. Após uma disputa legal, os marinheiros levaram a pintura consigo, mas ela simplesmente desapareceu no dia seguinte. Reapareceu em Montallegro e nunca mais deixou seu lugar.

Muitos milagres foram atribuídos à intercessão de Maria em Montallegro. Ao longo dos anos, peregrinos agradecidos deixaram tantas placas votivas em ação de graças por esses milagres que galerias inteiras tiveram que ser construídas para acomodá-las. Documentos antigos mostram que a intervenção milagrosa de Maria também salvou seu povo da peste em 1579, 1590 e novamente em 1630. Hoje em dia, a rocha original onde a pintura apareceu ainda está visível dentro da igreja, e tantos séculos mais tarde a fonte milagrosa continua a brotar.

Pedimos Vossa proteção,
Santa Mãe de Deus.
Escutai nossas preces
e auxiliai-nos em nossas necessidades.
Salvai-nos de todos os perigos,
Virgem santa e gloriosa.

- *Sub Tuum Praesidium*, a mais antiga prece a Maria de que se tem notícia, encontrada em um rolo de papiro grego, por volta 300 d.C.

Maria de Montserrat

Espanha

A cadeia de montanhas se ergue a mais de mil metros, formando uma paisagem escarpada e imponente. Segundo a lenda, a montanha sagrada de Montserrat era uma rocha gigante e muito lisa. No momento da crucificação de Cristo, o céu escureceu e a rocha estremeceu, tomando sua forma atual. Foi nesse terreno inóspito que Nossa Senhora de Montserrat foi descoberta.

Em uma manhã de sábado do século 9º, um grupo de meninos pastores escutou uma melodia angelical e viu uma luz que irradiava da montanha. Sem saber o que fazer, eles contaram sua visão ao padre, que por sua vez chamou o bispo. Quando examinaram a montanha mais de perto, descobriram uma caverna que abrigava uma figura de madeira da Virgem Santa segurando Jesus em um dos braços e uma orbe na outra mão. Descobriu-se que aquela linda madona negra era uma escultura antiga que fora perdida duzentos anos antes.

Quando os homens tentaram carregar a estátua para a catedral, algo estranho aconteceu. Embora tivesse apenas cerca de um metro de altura, eles perceberam que não conseguiam movê-la, pois pesava demais. O bispo concluiu que a Virgem Maria queria ser venerada na capela modesta de uma ermida próxima. Essa capela simples foi sendo transformada gradualmente em uma igreja e se localiza a meio caminho do alto da montanha, perto de onde a madona foi descoberta. Acredita-se que essa estátua preciosa, originalmente chamada de La Jerosolimitana, a nativa de Jerusalém, tenha sido trazida da Terra Santa para Barcelona e escondida nas montanhas de Montserrat para escapar dos ataques sarracenos do século 13. O santuário isolado já foi considerado um possível esconderijo do cálice sagrado.

La Morenata, a Pequena Madona Negra, ainda hoje é venerada como padroeira da Catalunha, e muitos se voltam a ela em busca de orientação no matrimônio. Um maravilhoso ditado local diz "*no es bem casat qui no dun la done a Montserrat*", que quer dizer "não está bem casado quem não leva a esposa a Montserrat".

Conta-se também que a estatueta inspirou a ópera *Parsifal*, de Wagner. Um dos ermitões da montanha, Bernat Boil, tornou-se o primeiro missionário na América, chegando ao Novo Mundo com Cristóvão Colombo. Um dos primeiros abades de Montserrat veio a se tornar o papa Júlio II, que encomendou muitos dos trabalhos de Michelangelo. Todos os reis da Espanha rezaram aos pés de La Morenata, bem como vários santos, incluindo Santo Inácio de Loyola. Depois de passar a noite orando em frente à Pequena Madona Negra, Inácio abandonou a carreira de soldado e fundou a Companhia de Jesus, mais conhecida como os Jesuítas.

Encontrando Maria

Nasci em Burgos, na Espanha, na província de Castela. É um lugar antigo, historicamente importante como ponto de repouso para os peregrinos a caminho de Santiago de Compostela e da tumba de São Tiago Apóstolo. Temos uma bela catedral, um castelo medieval e muralhas altas também desse período. Nossa padroeira é Santa Maria la Mayor – Santa Maria, a Grande – e nossa catedral recebeu o nome dela.

Maria está presente o tempo todo nos lares, nas escolas (pelo menos na minha época) e nas ruas. Recordo especialmente as procissões da Semana Santa, quando as estátuas eram levadas para a rua para que todos as vissem. Uma das procissões é chamada de El Encuentro – o encontro, ou a reunião. Começa na tarde da Quinta-Feira Santa e continua até depois do cair da noite. Assistir a ela é uma grande emoção. Uma estátua de Nossa

Senhora das Dores é levada de um lado da cidade para encontrar Cristo carregando a cruz. Em duas procissões solenes por vielas antigas e estreitas, a multidão acompanha a Santa Mãe e seu filho. As pessoas andam a passos pesados, carregando velas, cantando hinos lamentosos e batendo tambores.

Todos sofrem nesta vida. Eu certamente sofri, e ver Maria chorando com sete espadas no coração me fez erguer os olhos dos meus pequenos problemas e perceber que não há dor como a dela. A mãe de Deus, cheia de graça e cheia de sofrimento, caminha humildemente para encontrar seu filho, que sofreu tanto por amor à humanidade.

As duas estátuas de madeira se encontravam em frente à catedral de Santa Maria la Mayor, no centro da cidade. Os hinos e os tambores cessavam, e a escuridão silenciosa iluminada apenas pelas velas era mais emocionante do que mil palavras. Minhas queixas e problemas pareciam ser nada comparados à alma torturada de Maria ao ver seu filho com a cruz. As procissões não terminavam ali. Cristo seguia até o Calvário e Maria também, separados por algum tempo até se reunirem outra vez aos pés da cruz.

Eu conservo com amor essas lembranças e elas me ajudam ainda hoje, em minha vida como um jovem padre. A intervenção de Maria é sem dúvida alguma o que me mantém aqui, tentando, como ela, trazer humildemente Cristo para os outros.

– Padre Jesus, *oeste da Austrália*

Se formos humildes, ocultos como a estátua da Virgem, ressurgiremos em glória como em Montserrat.

– Contemplação sobre a Virgem de Montserrat

Maria de La Salette

França

Aninhado na base das encostas dos Alpes Franceses fica o humilde vilarejo de La Salette. Em meados do século 19, cerca de 800 pessoas ganhavam a vida nos campos pedregosos. A Revolução Francesa, as guerras napoleônicas, as epidemias e a fome haviam tornado o povo apático e desmotivado. O futuro parecia sombrio.

Melanie Mathieu, de 14 anos, e Maximin Giraud, de 11, eram de famílias muito pobres. Melanie aprendera a mendigar nas ruas desde muito cedo. Era analfabeta, mal sabia fazer suas orações e de vez em quando fazia bicos nas fazendas locais.

Maximin, ao contrário, era hiperativo, alegre e travesso. Ele mesmo admitia mentir com frequência, sendo capaz de contar qualquer história para se livrar de encrencas. Como Melanie, ele não tinha educação formal. Ia à igreja de vez em quando, mas demorava muito a aprender qualquer coisa, incluindo as orações. Crescendo quase à própria sorte, tinha a língua afiada e um vocabulário sujíssimo. Em casa, a vida era difícil. Seu pai era alcoólatra, e ele tinha uma relação tensa com a madrasta.

Num dia de setembro de 1846, as duas crianças, que mal se conheciam, arranjaram trabalho pastoreando vacas. Era véspera da festa de Nossa Senhora das Sete Dores, mas as crianças não sabiam. Ao meio-dia almoçaram e depois caíram no sono.

Melanie acordou primeiro e imediatamente pensou nas vacas. Maximin e ela encontraram os animais pastando tranquilamente, e a menina foi guardar os restos do almoço. Ao se aproximar da beira de uma ravina, ela viu um círculo de luz brilhante que tremulava lá embaixo.

– Venha aqui, rápido! – ela chamou.

Maximin também enxergou a luz. Apavoradas, as duas crianças estavam prestes a sair correndo, quando o círculo de luz começou a se abrir lentamente. Seus olhos distinguiram a forma de uma mulher, sentada em uma pedra na ravina, com o rosto apoiado nas mãos. Sua expressão era de profundo pesar. Enquanto a observavam, viram que ela estava chorando. Lentamente, ela se pôs em pé. Era a mulher mais alta que eles já haviam visto.

Quando ela cruzou os braços sobre o peito, as crianças notaram como era bela. Uma coroa resplandecia em sua cabeça. Seu vestido brilhava, e um avental em tom dourado reluzente ia de sua cintura até o chão. Seus sapatos brancos eram enfeitados com pérolas, fivelas de ouro e minúsculas rosas multicoloridas, assim como o xale alvo que trazia sobre os ombros. Duas correntes de ouro adornavam seu colo, uma com elos largos, enquanto da outra pendiam um crucifixo de ouro com um martelo e alicates dos dois lados.

As crianças podiam ver o chão atrás dela, através de seu corpo.

– Nada em suas roupas pertencia a este mundo – escreveu Maximin mais tarde. – Tudo era feito de luz, mas uma luz muito diferente de todas as outras.

Um segundo anel de luz circundou a mulher e as crianças. Enquanto admiravam a cena, perplexos, eles perceberam que suas figuras não lançavam sombras.

A linda senhora falou com voz firme e delicada:

– Venham a mim, meus filhos. Não tenham medo. Estou aqui para lhes dizer algo da maior importância.

As crianças tiveram um pouco de dificuldade para entender seu francês perfeito, pois falavam apenas o dialeto local. Gradualmente, as palavras da mulher se tornaram mais claras.

Melanie e Maximin desceram a ravina e se aproximaram o suficiente para ver as lágrimas na face da figura.

– Eu vos concedi seis dias para o trabalho – disse ela. – O sétimo, reservei para mim, e ninguém o observa.

Ela falou sobre os muitos temores que oprimiam seu coração.

Depois de algum tempo, Melanie se deu conta que não podia mais ouvir a voz da senhora, embora seus lábios ainda se movessem. Ela tinha se voltado para Maximin e estava lhe confidenciando um segredo particular. Logo ela virou-se para Melanie, e foi a vez de Maximin não conseguir escutá-la.

Então ela falou novamente aos dois:

– Se o povo se converter, as rochas se transformarão em montes de trigo – disse – e verão que as batatas se plantarão sozinhas – ela fez uma pausa. – Vocês rezam, meus filhos? – perguntou.

– Não – eles confessaram. – Quase nunca.

– Ah, meus filhos, é muito importante fazerem suas preces, pela manhã e à noite. Quando não tiverem tempo, rezem pelo menos um pai-nosso e uma ave-maria. E, quando puderem, rezem mais.

Ela contou às crianças da sua tristeza ao ver o povo ausente da igreja, ou indo à missa somente porque não tinha algo melhor a fazer. Depois fez uma pergunta muito estranha:

– Meus filhos, vocês já viram os grãos que apodrecem nos campos?

– Não, nunca – respondeu Maximin.

– Mas, meu filho, você deve tê-los visto uma vez, perto de Coin, com seu papai – ela insistiu e começou a relatar todo o incidente. – Seu papai lhe deu um pedaço de pão e disse: "Bem, meu filho, coma um pouco de pão este ano. Se os grão continuarem a apodrecer deste jeito, não sei quem terá o que comer no ano que vem."

Maximin percebeu que ela estava certa. O incidente esquecido voltou à sua mente com toda a nitidez.

– É verdade, madame – disse ele –, agora eu me lembro.

– Meus filhos, vocês transmitirão isso a todo o meu povo – disse a visão, virando-se e começando a flutuar sobre a ravina. – Vocês transmitirão isso a todo o meu povo – repetiu.

Melanie e Maximin a seguiram. Depois de uma pausa, a bela senhora voltou a flutuar. Ao erguer os olhos para os céus, seu rosto brilhava de alegria, e as lágrimas desapareceram. Com um último cintilar, a luz em torno dela pulsou e a visão se apagou.

– Uma luz muito forte permaneceu – recordou Maximin mais tarde –, e eu tentei pegá-la em minhas mãos, assim como as flores que estavam aos pés da senhora, mas não havia mais coisa alguma.

Após um instante de silêncio, Melanie se virou para seu companheiro.

– Talvez ela fosse uma santa – disse.

Quando retornaram com as vacas, Maximin contou a história ao fazendeiro. Melanie ainda estava alimentando os cavalos quando foi chamada para responder algumas perguntas. A história dela fechava perfeitamente com o relato dele.

Na manhã seguinte, as duas crianças foram enviadas à casa do padre de La Salette.

– Vocês devem ter visto a Virgem Santa – disse ele.

Na missa, ele relatou a história à congregação. A notícia da visão das crianças se espalhou rapidamente.

Temendo que as crianças tivessem sido vítimas de uma peça, o prefeito entrevistou Melanie. Ele a interrogou, insistiu, ameaçou, ridicularizou e chegou a lhe oferecer suborno, mas nada a fez mudar ou desmentir sua história. A menina humilde e triste parecia ser incorruptível e ter absoluta certeza do que presenciara.

Na segunda-feira, uma multidão já começava a se reunir no local da aparição. Onde as lágrimas de Maria tinham caído, uma antiga fonte seca agora jorrava água límpida. Muitas conversões e curas aconteceram em La Salette. O pai de Maximin foi curado de asma na fonte e tornou-se um devoto fiel. Sessenta mil peregrinos se dirigiam ao lugar da aparição ao longo de trilhas selvagens e pedregosas – carroças não conseguiam cruzar o terreno impenetrável. Vinte e três curas foram relatadas. Uma igreja foi construída com as pedras da montanha, e uma nova ordem religiosa surgiu, as Missionárias de La Salette – a primeira ordem a ter o nome relacionado a uma aparição de Maria.

O aviso de Maria sobre a fome, doenças e colheitas fracas se mostrou profético. As plantações de batata da Irlanda foram dizimadas, lavouras se estragaram por toda parte e epidemias de cólera se espalharam pela Europa.

Melanie e Maximin se tornaram devotos após avistar Nossa Senhora e inspirar um renascimento espiritual? Melanie continuou ensimesmada,

Maximin continuou hiperativo. As falhas de caráter com que tinham crescido se mantiveram, e a falta de charme fez muitos duvidarem de sua história. Mas, mesmo com tantas dificuldades pessoais, Maximin e Melanie se recusaram a receber qualquer benefício financeiro por sua experiência e continuaram a se dedicar à oração pela vida toda.

Anos mais tarde, a simples menção à aparição ainda fazia os dois ficarem muito sérios. O abade Dupanloup, que investigou o caso, disse que as crianças "inspiravam no ouvinte uma espécie de reverência religiosa por suas palavras e respeito por suas pessoas... Nestes dois últimos anos, as crianças e seus pais continuaram tão pobres quanto antes".

– Jamais em um tribunal de justiça os réus foram tão pressionados com perguntas sobre o crime do qual eram acusados como estas pobres crianças camponesas foram, nos dois últimos anos, questionadas sobre esse evento divino... Ainda por cima, a repetição frequente destes interrogatórios nunca os levou a se contradizerem, seja entre eles, seja a si próprios.

Essas foram as palavras do homem cuja primeira impressão foi de um menino que ele descreveu como "repulsivo" e de uma menina que era "impertinente, emburrada e silenciosa devido a sua estupidez".

Os dois visionários humildes tornaram-se adultos inquietos e errantes. Maximin fez algumas tentativas de estudar para ser padre, mas sua educação limitada foi um impedimento. Ele estudou medicina, fez parte da Guarda Papal, foi funcionário público em Paris e tornou-se comerciante. Sempre tinha tempo para contar sua história a quem estivesse disposto a escutar, e muitas pessoas atestaram a grande emoção que tomava conta dele nesses momentos, como se todo o seu rosto se transfigurasse.

Apesar da pobreza, ele jamais aceitou dinheiro dos peregrinos. Quando chegou ao fundo do poço, passou a vender frascos de bebida alcoólica com ervas que traziam seu nome no rótulo, em um chalé perto do local da aparição. Maximin estava desesperado e completamente endividado nessa época. Mais tarde, seu sócio no esquema fugiu levando todos os lucros.

– Fiz aquilo apenas para ganhar a vida com meu próprio suor – ele declarou depois.

Maximin sofria de asma e problemas cardíacos e morreu aos 40 anos de idade. Em seu testamento, reafirmou a verdade da aparição pela última vez. A pedido de Maximin, seu coração foi depositado na Basílica de Nossa Senhora, na montanha sagrada de La Salette.

Melanie tentou entrar para várias comunidades religiosas, tendo residido com as Irmãs da Providência, na França, e com as Carmelitas, na Inglaterra. Mas, como Maximin, ela nunca conseguiu se fixar e permaneceu pobre. Ao envelhecer, começou a ter delírios, nos quais imaginava muitas experiências sobrenaturais.

As pessoas a tomavam por santa pelo simples fato de ter tido um encontro com Maria. A tragédia foi que ela acreditou nisso e passou a valorizar as lisonjas e a adulação. Chegou a publicar o "segredo" que tinha recebido de Maria. Muitos acreditavam que ela tinha produzido um relato falso para agradar as pessoas a sua volta. Era uma grande mudança para a menina que um dia dissera:

– Quero contar minha história somente ao papa. E apenas quando ele assim ordenar.

Apesar de tudo, Melanie rezava muito e ia à missa todos os dias. Estava se preparando para ir à igreja quando morreu, aos 72 anos de idade.

Todas as exigências e pressões que a sociedade impôs a Maximin e Melanie tiveram origem em um único pedido de Maria: "Transmitam isso a todo o meu povo." E a essa tarefa tão difícil eles dedicaram com sucesso o resto de suas vidas.

Mãe mais sagrada, Nossa Senhora de La Salette,
que por amor a mim derramastes lágrimas tão amargas,
em Vossa aparição misericordiosa,
olhai com bondade para nós.

- Prece das Missionárias de La Salette

O perpétuo socorro de Maria

Itália

Uma das imagens mais perenes de Maria é a pintura de Nossa Senhora do Perpétuo Socorro. Ela combina o simbolismo dos ícones orientais com a ternura da arte ocidental para criar o que alguns consideram o mais perfeito dos ícones.

Sua história é longa e misteriosa e tem origem na Creta do século 13, onde um monge desconhecido pintou Nossa Senhora do Perpétuo Socorro inspirado pela profecia de Isaías do Velho Testamento: "Meu sofrimento sempre está diante de mim." Maria está vestida de vermelho, a cor dos vestidos das imperatrizes do Oriente e também a cor usada pelas virgens na época de Cristo. Seu manto azul-escuro é do tom usado pelas mães na Palestina. Ela carrega o menino Jesus, um adulto em miniatura, simbolizando sua divindade.

A imagem foi levada a Roma por um mercador em 1499. Alguns dizem que ele a roubou de uma igreja em Creta, outros sugerem que ele era um homem devoto cujo último desejo era ter a imagem exibida em uma igreja para ser venerada publicamente. Talvez ambas as histórias sejam verdade.

Ninguém sabia onde colocar o ícone, até que a filha do mercador encontrou uma linda dama que lhe deu a seguinte mensagem:

– Diga a sua mãe que a Santa Maria do Perpétuo Socorro deseja que seu ícone seja venerado em uma igreja localizada entre a Basílica de Santa Maria Maior e a Basílica de São João Latrão.

Atendendo ao pedido da dama, o ícone foi colocado na Igreja de São Mateus. Por quase trezentos anos, os peregrinos rezaram perante a imagem, que se tornou conhecida como a Madona de São Mateus. Muitos milagres foram atribuídos a ela.

Um menino exausto estava sendo levado em peregrinação pelos pais da Basílica de Santa Maria Maior até a Basílica de São João Latrão. Para seu grande alívio, eles o deixaram descansar na Igreja de São Mateus. Lá, seus olhinhos contemplaram Nossa Senhora do Perpétuo Socorro, e ele se apaixonou. Seu coração jamais iria esquecer a imagem, e um dia ele viria a desempenhar um papel importante na história do ícone.

No século 17, a Igreja de São Mateus transformou-se em refúgio para padres irlandeses perseguidos, até ser queimada durante a invasão francesa da Itália. Um sobrevivente, o irmão agostiniano Augustine Orsetti, escapou com uma carroça cheia de móveis velhos. Entre os objetos estava Nossa Senhora do Perpétuo Socorro, escondida sob um manto rasgado. Exausto, o irmão encontrou abrigo na Igreja de Santo Eusébio, onde permaneceu com o precioso ícone por vinte e um anos. Depois, mudou-se para um monastério em Posterula, levando a imagem consigo, e esperou pacientemente por trinta e quatro anos, rezando pelo dia em que grandes multidões iriam venerá-la outra vez. Ele não viveria o suficiente para ver esse dia chegar, mas não deixaria tanta beleza morrer com ele.

Um jovem estudante, Michael Marchi, costumava ir ao monastério todas as manhãs para ajudar os irmãos a celebrar a missa.

– Michael! Michael! – chamava o idoso irmão Augustine, apontando para a linda imagem. – Este é o ícone original da Nossa Senhora do Perpétuo Socorro – seus olhos brilhavam e seu coração se enchia de lembranças. – Todos já esqueceram, mas você deve lembrar, Michael. Ele é milagroso.

Dois anos mais tarde, Michael se encontrava em Roma, observando as obras do novo monastério redentorista que estava sendo construído ao lado da antiga Igreja de São Mateus. Ele mesmo iria a juntar-se à ordem algum tempo depois.

Certa noite, uma conversa casual com outro padre levou a especulações sobre o destino do ícone milagroso que desaparecera de São Mateus tantos anos antes.

– Provavelmente foi destruído junto com a igreja – um padre sugeriu.

Mas o padre Michael Marcho sabia da verdade, e as palavras de seu amigo idoso soaram em seus ouvidos:

– Todos já esqueceram, mas você deve lembrar.

– Rezei muitas vezes diante daquele ícone – disse. – Ele ainda pode estar na Posterula de Santa Maria.

O jovem padre foi em busca da velha pintura no lugar onde fora criado.

– Estava abandonada – ele recordou. – Sem uma única vela acesa em sua homenagem. Eu auxiliara muitas vezes na missa e sempre a admirara.

Em 1865, os Redentoristas solicitaram uma audiência com o papa Pio IX para lhe contar a história extraordinária. Escutando atentamente, o papa lembrou-se de sua juventude, de um momento de alívio durante uma longa e cansativa viagem com os pais. Ele era apenas uma criança, mas nunca esquecera a linda imagem que contemplou.

Após um instante de silêncio, ele falou.

– Recordo-me bem desse ícone – disse. – Anos atrás, quando eu era criança, meus pais fizeram uma peregrinação de Santa Maria Maior a São João Latrão. Fiquei muito cansado no caminho, e eles me levaram à Igreja de São Mateus para descansar. Lá vi o ícone e imediatamente me apaixonei.

Ele parecia saber exatamente o que fazer. Tomando uma pena, escreveu: “É meu desejo que a imagem da Mais Santa Mãe Maria seja devolvida ao seu lugar, entre a Basílica de São João e a de Santa Maria Maior.”

E assim Nossa Senhora do Perpétuo Socorro encontrou seu novo lar na Igreja de Santo Afonso, na via Merulana, a mesma rua de sua antiga morada em Roma.

A essa altura, o velho ícone já começava a demonstrar os sinais do tempo. Mas, embora estivesse um pouco apagado, comido pelas traças e com buracos de pregos, sua graça e beleza ainda transpareciam. O iconógrafo polonês Leopold Novodny restaurou a imagem, rezando enquanto pintava e pintando enquanto rezava. Em uma grande procissão pública pelas ruas de Roma, acompanhada por milhares de pessoas, o ícone restaurado com amor foi levado para sua nova casa na Igreja de Santo Afonso.

Durante a comemoração nas ruas, em uma casa próxima, uma mãe consolava seu filho moribundo. Em desespero, ela ergueu a criança aos céus pela janela aberta.

– Maria, curai meu filho – pediu – ou levai-o ao Paraíso!

Apenas três dias depois o menino estava acendendo uma vela na Igreja de Santo Afonso, rezando diante de Nossa Senhora do Perpétuo Socorro em ação de graças por um milagre. Como acontecera com o jovem papa Pio IX e com Michael Marchi, a criança caiu de amores pela imagem. A janela de sua casa nunca mais foi fechada, e no parapeito foi colocada uma cópia do ícone, contemplando para sempre a via Merulana.

Por três dias o ícone foi venerado acima do altar, e 50 mil pessoas rezaram diante dele. O papa Pio IX esteve entre os primeiros a visitá-lo em seu novo lar. Ele rezou com a mesma devoção terna de tantos anos

antes, quando ainda criança tinha se apaixonado pela Nossa Senhora do Perpétuo Socorro, na Igreja de São Mateus. Juntamente com a posse e a responsabilidade de cuidar da imagem, o papa deu aos Redentoristas apenas uma ordem:

– Tornem-na conhecida de todos.

Desde então, 2,3 mil cópias do ícone já foram enviadas da Igreja de Santo Afonso, em Roma, para igrejas, santuários e lares no mundo inteiro.

Meu nome é Mãe do Perpétuo Socorro,
não pertenço a um século ou nação.
Sou de todas as eras e de todos os povos.
Muitos nomes me foram dados. Fui chamada
a "Virgem da Paixão", "a Madona de Ouro",
"a Mãe dos Missionários Redentoristas",
"a Mãe dos Lares Católicos".
O nome que escolhi é "Mãe do Perpétuo Socorro".

- W.D. Creede, prece Redentorista

Maria do Deserto
Kuwait

Em janeiro de 1864, um missionário carmelita de Bagdá, padre Joseph-Mary of Jesus, decidiu ir à Europa buscar mais padres para auxiliá-lo em seu trabalho. Durante a travessia do deserto, ele passou perto das ruínas de Birs-Nemrod, localizadas no Iraque atual e consideradas por muitos como os restos da Torre de Babel. Sabendo que tinha uma jornada longa e perigosa pela frente, ele decidiu consagrar as ruínas à Santa Virgem Maria como forma de oração por uma viagem segura. Escalou as paredes antigas e semidestruídas, pousou uma medalha reluzente em uma fenda e, proclamando Maria Rainha do Deserto, prometeu erigir uma estátua da Virgem no lugar da medalha se chegasse ao seu destino em segurança.

No caminho a Damasco, sua caravana foi atacada duas vezes por beduínos, mas em ambas ele escapou ileso. Ao chegar a Paris, pregou na Basílica de Nossa Senhora das Vitórias, falando sobre a viagem pelo deserto e a promessa de retornar. Inspirado por aquelas palavras, um grupo de mulheres coletou dinheiro suficiente para uma estatueta de bronze de Nossa Senhora das Vitórias. O padre Joseph-Mary levou-a consigo para Lyons, Roma e de volta a Bagdá. Com um grupo de fiéis, retornou às ruínas de Birs-Nemrod e, ao celebrar a missa, colocou a pequena estátua entre as pedras caídas, cumprindo a promessa feita a Maria do Deserto.

A Senhora das Estrelas

França

O povo de Pontmain, no noroeste da França, era composto em grande parte de camponeses, trabalhadores acostumados à vida dura das fazendas. Além das dificuldades normais dessa atividade, no início de 1871 eles enfrentavam uma ameaça de invasão. Paris estava sitiada. Os prussianos tinham conquistado Estrasburgo, Metz, Orléans e Le Mans e estavam acampados a apenas alguns quilômetros de Laval. Certamente Pontmain, não mais que 50 quilômetros adiante, seria o próximo alvo. Desesperado, o povo da cidade voltou-se para a oração.

Ao cair de uma noite de janeiro, Joseph e Eugène Barbedette estavam concentrados nas tarefas diárias que tinham após a escola, consertando as ferraduras dos cavalos e moendo o milho para os animais no celeiro, onde também dormiam. Eram 17h30, e fazia um frio gélido. Um vizinho veio conversar com o pai dos meninos, César, e Eugène aproveitou a oportunidade para fazer um intervalo e olhar para céu escuro.

– Fui ver como estava o tempo – ele recordou depois.

A neve da manhã ainda cobria a terra como um macio cobertor branco. O céu de um azul profundo estava limpo e pontilhado de estrelas brilhantes. Somente uma estranha faixa de azul-escuro acima da casa de um vizinho não exibia estrelas.

Curioso, Eugène examinou a faixa escura. Onde estavam as estrelas que ele conhecia tão bem? Enquanto o garoto contemplava a noite, algo mais brilhante do que qualquer estrela surgiu em frente aos seus olhos. Era uma linda mulher, parada nos céus. Seu vestido azul-escuro parecia bordado de estrelas douradas. Ela não usava cinto, e a vestimenta pendia com elegância até seus sapatos azuis, cada um enfeitado com uma roseta de ouro. Uma coroa dourada repousava em sua fronte, em cima de um véu negro que caía delicadamente sobre suas costas.

Ela sorriu, e Eugène ficou encantado. Observou-a por quinze minutos, até sua vizinha Jeanette interromper o devaneio. Eugène apontou para a senhora e perguntou se Jeanette via alguma coisa. Ela via apenas o céu. Quando o pai dos meninos retornou, teve que concordar com ela. Mas o pequeno Joseph via a mesma mulher que o irmão.

César irritou-se com o que era obviamente uma brincadeira boba dos filhos e mandou-os de volta para o celeiro, pedindo a Jeanette que não contasse a ninguém sobre o ocorrido. Quando ela foi embora, César perguntou a Eugène se a figura ainda estava lá. Com certeza estava.

Ele mandou o menino buscar sua mãe, Victoire, mas ela tampouco conseguia enxergar alguma coisa no céu. Ainda assim, intrigada pela insistência dos filhos, sugeriu que eles rezassem cinco pai-nossos e cinco ave-marias.

Os vizinhos, curiosos, começaram a chegar, mas a família evitou dar explicações e se retirou para o celeiro. Victoire pôs seus óculos, mas nem assim conseguiu ver a senhora no céu. Sua empregada tampouco viu qualquer coisa. Os meninos foram repreendidos, e os adultos, sentindo-se enganados, mandaram todos para dentro de casa para jantar. Joseph conseguiu obter permissão para que ele e Eugène retornassem ao celeiro mais tarde, com a condição de que recitassem novamente cinco pai-nossos e cinco ave-marias. Os dois engoliram a refeição quase sem mastigar e logo saíram correndo.

– Ela ainda está lá e é tão alta quando a irmã Vitaline! – exclamaram.

A irmã, uma freira que dava aulas na pequena escola de Pontmain, foi chamada para ver se talvez ela conseguiria enxergar a estranha visão. Tudo o que viu foi um curioso triângulo de estrelas.

– A cabeça da senhora fica bem no meio delas – explicou Eugène.

Logo até mesmo os céticos pais dos meninos puderam perceber as três estrelas. Talvez, então, somente crianças pudessem enxergar a aparição? Três alunas do internato de Pontmain foram levadas à fazenda:

Françoise Richer, de 11 anos, Jeanne-Marie Lebossé, de 9, e Augustine Mouton, de 13.

Françoise foi a primeira das meninas a ver Nossa Senhora. Ao chegar à casa do sapateiro local, ela declarou:

– Estou vendo alguma coisa na casa dos Guidecoq, mas não sei o que é – depois de mais alguns passos na direção do celeiro, exclamou, junto com Jeanne-Marie: – Oh! Que linda dama!

Freiras e empregadas domésticas acorreram à casa, assim como avós carregando seus netos. Logo metade do vilarejo estava reunido no celeiro, e todos traziam seus filhos, na esperança de que eles também pudessem ver Nossa Senhora. Todas as outras testemunhas enxergavam o triângulo de estrelas que cercava o rosto de Maria, mas somente algumas viam a bela senhora.

Entre elas estava uma criança muito doente, o pequeno Eugène Friteau, de 6 anos. Ele foi carregado até o local, enrolado no manto de sua avó, mas só pôde ficar do lado de fora do celeiro por alguns instantes devido ao frio. Ele faleceu em maio daquele ano, mas antes de morrer disse também ter visto Maria naquela noite, exatamente como os outros a haviam descrito.

Outra possível testemunha foi Augustine, de 2 anos de idade, que estava com a mãe, a esposa do sapateiro. A menina acenava, batia palmas na direção da aparição e gritava animadamente:

– O Jesus! O Jesus!

Era a única palavra religiosa que ela conhecia.

Cerca de 60 pessoas estavam reunidas em torno do celeiro, incluindo o padre Guérin. Embora elas não vissem nada além de três estrelas em um arranjo peculiar, era evidente que algo extraordinário estava acontecendo. De repente, todas as crianças gritaram em uníssono – algo estava mudando. Uma moldura oval estava se formando em torno da senhora, do mesmo azul profundo que seu vestido. Quatro velas, duas na altura dos ombros e duas junto aos joelhos, apareceram em torno dela, e uma pequena cruz vermelha se materializou sobre seu coração.

Algumas pessoas se distraíram e começaram a conversar e fazer piadas irreverentes. Um homem insistia que com um telescópio seria capaz de ver a senhora, mas, quando buscaram o aparelho, este se mostrou ineficaz. A multidão riu. Então as crianças disseram que a senhora tinha parado de sorrir e olhava para eles com grande tristeza.

O padre Guérin insistiu que todos mantivessem um silêncio reverente diante da visão e sugeriu que rezassem o rosário.

– Se somente as crianças têm o privilégio de contemplar a visão celestial – ele concluiu –, é porque são mais dignas do que eu.

Os adultos se ajoelharam no solo coberto de neve e começaram a rezar enquanto as crianças admiravam Maria. À medida que o rosário prosseguiu, a figura e sua moldura cresceram até aparentar o dobro do tamanho de uma pessoa normal, e os lábios de Maria se abriram em um sorriso radiante. As estrelas pareciam abrir espaço para ela. De longe e de perto, começaram a se multiplicar e se posicionar sobre o vestido e os pés da Virgem, brilhando como diamantes.

O ar gelado do inverno começou a cobrar seu preço das pessoas do grupo que não conseguiam ver nada desse espetáculo maravilhoso. Elas se apertaram dentro do celeiro em busca de calor, espiando o céu pelas portas abertas. As quatro crianças visionárias permaneceram à porta. Quando o rosário terminou, começaram outra oração, o Magnificat.

– Algo diferente está acontecendo! – avisaram as crianças.

Uma bandeira branca tinha aparecido no céu e se desdobrado aos pés da Virgem. Com cerca de um metro de largura, parecia se estender na direção da casa da vizinha.

Uma linha dourada apareceu e então se revelou como uma letra.

– É um M! – exclamaram as crianças. – E agora outra letra se formou: um A!

Logo uma palavra inteira havia se formado: *mais* – *mas* em francês –, permanecendo no céu por cerca de dez minutos. De repente, um homem da cidade chegou correndo, anunciando que os prussianos já estavam em Laval, praticamente às portas! Para seu espanto, o grupo não pareceu se perturbar.

– Eles poderiam estar na entrada da cidade, e nós não teríamos medo – disse uma mulher.

As preces continuaram, e mais letras apareceram. Logo uma frase se formou: "Mas rezem, meus filhos." Muitos começaram a chorar. Mais letras: "Deus os escutará em breve." Maria sorria docemente diante do espanto do povo. Eles começaram a entoar a Inviolata quando outra linha de palavras apareceu abaixo da primeira. "Meu filho..."

As crianças ficaram eufóricas.

– É realmente a Virgem Santa! – exclamaram

"... permite ser tocado."

Uma grossa linha dourada apareceu sob a frase, como para lhe dar ênfase.

Lágrimas e preces se ergueram do grupo. A senhora no céu foi tomada de uma emoção diferente.

– Vejam, ela está rindo! – exclamaram os visionários, saltando e batendo palmas de alegria. – Oh, como é linda! Como é linda!

Contendo-se, as pessoas começaram a cantar um hino composto em Pontmain: "Mãe da esperança, de nome tão doce, protegei nossa terra, rezai por nós, rezai por nós."

Maria ergueu os braços enquanto eles cantavam os oito versos. Suas mãos e seus dedos pareciam se mover no ritmo da música, como se ela estivesse regendo ou tocando um instrumento invisível.

Quando a canção terminou, as palavras aos pés da visão se apagaram, e após outro hino seu rosto entristeceu. Ela parecia estar tentando falar, mas nenhuma palavra era ouvida. Um crucifixo vermelho apareceu em frente a Maria. A figura de Cristo sobre ele era de um vermelho ainda mais profundo e, tomando a cruz nas mãos, a Virgem estendeu-as na direção das crianças enquanto outra bandeira branca se desdobrava acima dele. Em letras vermelhas, o nome "Jesus Cristo" apareceu.

O povo cantava, e Maria orava com eles. Pelo resto da vida, Joseph nunca esqueceria a tristeza no rosto de Maria enquanto ela fitava a cruz. Uma estrela surgiu e acendeu as quatro velas que cercavam a imagem, depois foi descansar acima da cabeça de Maria.

As pessoas ainda cantavam quando o crucifixo desapareceu. Maria, com os braços abertos, assumiu a posição de Nossa Senhora como aparece retratada na medalha milagrosa. Acima de cada ombro, formaram-se duas pequenas cruzes brancas.

Enquanto as pessoas passavam a recitar as preces noturnas e começavam um exame de consciência, um período de contemplação silenciosa, as crianças observaram um véu branco erguer-se aos pés da senhora e gradualmente obscurecer a visão da imagem. Por fim, somente a ponta de sua coroa permaneceu visível. Após alguns instantes, tudo sumiu.

– Vocês ainda enxergam alguma coisa? – perguntou o padre Guérin.

– Não, padre – responderam os meninos. – Ela se foi.

Depois de mais de três horas de orações, a aparição tinha se encerrado, por volta das 21 horas. O povo retornou para suas casas, cheio de paz.

Onze dias mais tarde, um armistício foi assinado com a Prússia. A guerra havia terminado. Por alguma razão, as forças prussianas nunca tomaram Laval, e, apesar de seu sucesso militar anterior, não mais avançaram depois da noite da aparição. Os 38 soldados oriundos de Pontmain voltaram para casa ilesos.

Quanto ao significado daquelas palavras, deduziu-se que Nossa Senhora estava consolando o povo de Pontmain, avisando que suas preces pela paz certamente seriam ouvidas. Seu filho – Jesus – está aberto para escutar e responder com amor às súplicas de seu povo. O papa Leão XIII deu à aparição de Pontmain o título de Nossa Senhora da Prece. Ela apareceu em uma momento em que as preces eram necessárias e em resposta a orações, para encorajar seu povo a buscar auxílio em Deus.

Os frutos dessas preces foram vistos de modo claro na vida dos visionários. Joseph e Eugène Barbedette tornaram-se padres. Eram muito humildes e só falavam da aparição por dever ou obediência.

Françoise viveu uma vida simples e devota, tornando-se a governanta do padre Eugène Barbedette. Morreu em 1915, com os dois irmãos Barbedette a seu lado. Jeanne-Marie Lebossé uniu-se às irmãs da Sagrada Família de Bordeaux, tomando o nome de irmã Saint-André. Ela também é lembrada por sua grande humildade, compaixão, bondade e suprema habilidade como artista. Depois de viver paralítica por dez anos, faleceu em 1933.

Os peregrinos logo começaram a afluir ao local onde Nossa Senhora tinha aparecido. No primeiro aniversário da aparição, 8 mil viajaram a Pontmain, quase todos a pé ou em carroças. Em setembro de 1873, foi registrada a presença de 40 mil peregrinos. Depois da missa na pequena igreja paroquial, todos foram rezar no celeiro.

Uma grande basílica foi construída em Pontmain. A devoção a Maria continua a se espalhar pelo mundo todo. No Santuário Nacional da Imaculada Conceição em Washington, DC, há uma capela dedicada a Nossa Senhora da Esperança de Pontmain, construída com a ajuda do comediante Bob Hope e de sua esposa Dolores.

Milhares ainda vão a Pontmain todos os anos, inspirados pelo amor da linda mulher celeste que conduziu as preces de seus filhos há mais de cento e trinta e cinco anos.

Maria nos ensina a rezar... Maria nunca se cansa de pedir a seus filhos que rezem.

- Papa Paulo VI, 30 de maio de 1971, centenário da aparição de Pontmain

Maria de Knock

Irlanda

O vilarejo de Knock, no oeste da Irlanda, fica em uma região de terras planas, inférteis e ermas. Em 1879, Knock era pouco mais do que um pequeno agrupamento de chalés cobertos de palha entre campos improdutivos.

Conta a lenda que São Patrício havia passado por ali em suas viagens e abençoado Knock, predizendo que um dia a aldeia se tornaria um grande centro de peregrinação e devoção. A promessa soava apenas como um sonho bobo. Mas, apesar da pobreza e da fome frequente, a comunidade era fiel e devota. A pequena igreja rústica era o centro da comunidade. O arquidiácono, padre Cavanagh, nutria um grande amor pelos pobres e uma devoção profunda a Maria, a qual costumava chamar de a Sempre Imaculada Mãe de Deus. No ano anterior, uma forte tempestade danificara seriamente a igreja e quebrara suas estátuas. O padre encomendou duas imagens novas de Dublin, mas ambas haviam se quebrado em trânsito. Inabalável, o padre encomendou mais estátuas, que dessa vez chegaram intactas, incluindo uma imagem de Nossa Senhora de Lourdes.

Em uma noite de agosto, Mary McLoughlin, a empregada do padre, saiu para visitar amigos, uma família respeitável chamada Beirne. Eles tinham uma vida relativamente boa e haviam acabado de retornar de férias. O tempo estava horrível – fazia frio e chovia muito –, mas a empregada se aventurou a sair mesmo assim.

Passando pelo frontão da sacristia da igreja, ela viu algumas figuras que pareciam estar encostadas na parede. Mais estátuas, sem dúvida, mas que cena peculiar. Mais tarde, ela declarou:

– Achei aquilo tudo muito estranho. Pareceu-me tolice deixar as imagens na chuva daquele jeito.

Outros passantes também notaram as figuras estranhas na igreja. Uma mulher também concluiu que fossem estátuas. "Vem outra coleta de fundos por aí, que Deus nos ajude!", pensou. Uma menina de 16 anos viu "algo luminoso", mas não lhe ocorreu investigar o que era. O tempo inclemente levou todos a se recolherem o mais rápido possível, e ninguém parou para olhar.

Mary McLoughlin finalmente chegou à casa de sua amiga, a sra. Beirne, e da filha desta, Mary, uma moça tranquila e inteligente que era benquista por todos. Após uma visita breve, a garota acompanhou Mary McLoughlin até em casa, e foi a vez da jovem Mary se deparar com a cena estranha na igreja.

– Veja que lindas figuras! – exclamou. – Quando foi que o padre colocou aquelas estátuas no frontão?

Olhando para a igreja, Mary McLoughlin se deu conta de que o padre Cavanagh não tinha colocado estátua alguma ali. A chuva, o vento e o granizo não impediram as duas mulheres alvoroçadas de correr para a igreja. Era óbvio que o que estavam vendo não eram estátuas comuns. Aquelas figuras se mexiam! As duas se detiveram, contemplando atônitas "uma visão como nenhuma outra".

Mary Beirne correu para chamar sua família. A história foi se espalhando pela pequena comunidade, e mais e mais pessoas se reuniram para ver a aparição luminosa no frontão da igreja.

Uma delas era Patrick Hill, um menino de 11 anos que mais tarde relatou o ocorrido:

– Naquele dia, eu tinha ido buscar turfa no banhado com nosso jumento. Às 20 horas, estava na casa da minha tia, quando Dominic Byrne entrou gritando: "Venham para a capela ver as luzes milagrosas e as lindas visões que apareceram lá!" Eu o segui.

Na igreja:

– Nós imediatamente vimos as luzes: um clarão branco que cobria a maior parte do frontão, do chão até acima das janelas. Ele se movia, às vezes subindo, às vezes baixando outra vez. Vimos figuras: a Virgem Santa,

São José, São João e um cordeiro sobre um altar, com uma cruz por trás. Eu cheguei bem perto e vi tudo distintamente.

As figuras daquela cena santa não trocavam palavras com a plateia encantada, tampouco entre si. Em certos momentos a luz era tão deslumbrante que as figuras reluziam como prata. Uma mulher se aproximou para abraçar Maria e encontrou apenas a dureza da parede ao fundo. Disse que a imagem pareceu recuar quando ela estendeu os braços, mas que sorriu para ela.

O relato de Patrick não foi o único. Quinze pessoas, com idades de 5 a 75 anos, testemunharam o estranho fenômeno que durou cerca de duas horas, e cada uma forneceu descrições diferentes da visão. Mas todas tinham alguns pontos em comum. Banhadas em uma linda luz divina, três figuras em tamanho natural flutuavam a cerca de 60 centímetros do chão, no frontão da igreja. Maria, de vestido branco, usava uma espécie de coroa, e seus olhos e suas mãos estavam erguidos em oração. À direta, São José tinha a cabeça voltada para ela, como se a observasse com amor. Uma terceira figura, São João, estava posicionada do outro lado de Maria. Vestido como bispo, com uma pequena mitra, ele tinha um livro aberto em uma das mãos e trazia a outra erguida como se pregasse. Patrick Hill chegou perto o bastante para distinguir as letras nas páginas do livro.

À esquerda de São João, havia um pequeno cordeiro sobre um altar simples voltado para Maria. A chuva caía em torno dessa cena estranha, porém todos os seus membros permaneciam totalmente secos. Nem sequer uma gota de água parecia cair na direção do frontão.

O grupo rezou o rosário sob a chuva torrencial. Ao terminarem, as pessoas ensopadas tocaram hesitantes a terra em torno do frontão onde a aparição surgira. Tudo estava completamente seco.

Todas as testemunhas sentiram instintivamente que a mulher devia ser a Virgem Maria. Pareceu-lhes natural, então, supor que o homem de barba grisalha fosse São José. Mary Beirne foi a primeira a identificar a terceira figura como São João Evangelista, o amado discípulo de Jesus. Havia uma "coincidência de figuras e poses", disse ela, entre a figura e uma estátua de São João que ela vira certa vez.

– Mas não tenho certeza de qual santo ou personagem a figura representava – ela admitiu mais tarde. – Eu apenas disse que era São João Evangelista, e todos os presentes concordaram.

Alguns viram uma cruz no altar atrás do cordeiro. Patrick viu anjos em torno dele. Outros viram pequenas luzes douradas, como estrelas ou um halo cercando o cordeiro. Alguns viram movimento nas figuras, outros apenas uma cena estática, como um estranho quadro divino, congelado no tempo.

Incrivelmente, a aparição se fez notar por mais do que alguns visionários afortunados. Um morador da periferia do vilarejo observou uma luz brilhante a distância, na direção da igreja. Ele estava a cerca de 800 metros da cena no momento.

– Tive a impressão de ver um globo muito grande de luz dourada – relatou mais tarde.

Mary McLoughlin foi contar ao padre Cavanagh sobre o fato espantoso, mas ele entendeu que o fenômeno já havia terminado. Também é possível que ele não tenha acreditado em sua empregada, que já passara por fases em que bebia em excesso. Qualquer que seja o motivo, o fato é que ele não saiu de casa, o que depois veio a admitir que lhe causou constante arrependimento. Mas ele interpretou essa perda filosoficamente:

– Deus quis que o testemunho da presença de sua Santa Mãe viesse dos fiéis mais simples, não de seus padres.

A igreja irlandesa pediu à mídia para não noticiar o evento durante a investigação. As testemunhas foram interrogadas e consideradas confiáveis e coerentes. Experimentos com lâmpadas e lanternas mágicas não conseguiram recriar a aparição.

Mas a notícia se espalhou de boca a boca, e logo multidões se apinhavam na igreja modesta. Dois dias depois da aparição, uma criança surda foi curada. Muitas outras doenças foram curadas milagrosamente em Knock, de cegueira a epilepsia, de câncer a tuberculose. As pessoas esburacaram a fachada do frontão, a ponto do padre Cavanagh ter que reforçar os alicerces. Pedaços do cimento foram enviados para o mundo todo, e os relatos de curas se multiplicaram. Uma freira de um convento na Arábia escreveu agradecendo pelo pedaço de cimento que tinha usado para curar outra freira de uma doença fatal.

Knock também inspirou as pessoas a reviverem formas tradicionais de orações em gaélico. Os peregrinos faziam vigílias, rezando a noite inteira na véspera de grandes dias festivos. Davam voltas na igreja recitando rosários e litanias em voz alta. Essas preces em movimento, lentas e meditativas, eram chamadas de "fazer uma estação". Às vezes, as estações eram feitas de joelhos, ao modo dos primeiros cristãos irlandeses. Muitas curas foram relatadas por peregrinos que fizeram estações.

Para os surdos, Knock tem um significado especial. Em maio de 2006, no mês tradicionalmente dedicado a Maria, foi organizada uma peregrinação internacional ao santuário de Nossa Senhora de Knock para 200 pessoas surdas.

– Para os surdos, a mensagem não verbal de Knock é um sinal muito especial – disse o diácono Karl Josef Arnold, um dos organizadores da peregrinação. – Como eles não escutam, não poderiam compreender uma mensagem falada. Para eles, escutar e ver com o coração é muito importante. Eles precisam de sinais.

Entre os seguidores devotados de Nossa Senhora de Knock estava o papa João Paulo II, que fez uma peregrinação pessoal à igreja em 1979 para marcar o centésimo aniversário da aparição. Madre Teresa de Calcutá também visitou o local alguns anos depois.

O vilarejo remoto já teve o nome de Cnoc, derivado da palavra gaélica para monte. Hoje, é conhecido como Cnoc Mhuire – Monte de Maria. Estima-se que mais de 1 milhão de peregrinos visitem Knock a cada ano, e mais de 300 curas milagrosas já foram relatadas. A profecia de São Patrício se realizou.

Anjos de luz escutam com fervor
os murmúrios de boas-vindas, tão doces,
dos corações pesarosos da pobre Erin,
que saúdam sua Mãe Maria!
Dos morros e vales cobertos de urze,
de cada folha verde de relva,
cem mil boas-vindas
recebem a Mãe de Deus!

- Poema anônimo publicado no jornal *The Cork Examiner*, 1880

A Madona Negra de Czestochowa

Polônia

Nos morros de calcário entre Cracóvia e Wielun, na Polônia, às margens do rio Warta, a cidade medieval de Czestochowa protege um antigo tesouro mariano. Nossa Senhora de Czestochowa sobreviveu a séculos de guerras e aos ataques do tempo. Viajou de Jerusalém, então sob o jugo romano, até as florestas da Europa oriental. Sobreviveu à ocupação nazista e a um regime comunista e foi por duas vezes coroada Rainha da Polônia. Como grande protetora, intercessora e artífice de curas, ela ainda é adorada por muitos súditos fiéis.

Segundo a lenda, o ícone de Nossa Senhora de Czestochowa foi pintado originalmente em uma simples mesa de madeira feita por Jesus, que trabalhava como aprendiz de carpinteiro com seu pai adotivo, José. Diz-se que o evangelista Lucas pintou essa madona negra enquanto escutava Maria falar sobre seu filho. Conta a lenda que, no caminho até a Polônia, a imagem passou por Constantinopla e pela Rússia e foi reverenciada por reis e santos, incluindo o imperador Carlos Magno e Santa Helena, mãe de Constantino, o Grande.

Uma das muitas histórias sobre a Nossa Senhora de Czestochowa teve início no século 14, nas florestas fechadas de Belsz, no que hoje é o leste da Polônia. O príncipe polonês Ladislaus Opolszyk encontrou o ícone em um castelo de Belsz, onde a imagem era reverenciada havia quinhentos anos. Era tempo de guerra, e o interior do país estava sendo invadido pelos tártaros. Um dia, uma flecha tártara entrou voando por uma janela da capela do castelo e foi cravar-se na garganta da madona. Foi a primeira de suas muitas cicatrizes. Para resguardar a segurança do ícone, o príncipe

Ladislaus decidiu levá-lo para sua cidade natal de Opala. Ao fazer uma parada em Czestochowa, ele deixou a pintura em uma pequena capela de madeira no alto de um morro para passar a noite. No dia seguinte, transferiu-a com cuidado para sua carruagem e se preparou para seguir viagem, mas os cavalos se recusaram a andar. Por mais que ele e seus ajudantes tentassem, os animais não se moviam do lugar. Claramente, a Virgem tinha escolhido seu lar e dali não sairia. Ladislaus entendeu a mensagem e, com reverência, devolveu a imagem à pequena capela, a Igreja da Assunção. Hoje, o dia desse milagre, 26 de agosto, é a data festiva do ícone. Ao longo dos anos seguintes, foram construídos o monastério e a igreja de Jasna Góra – Monte da Luz – para abrigar o santuário da Madona Negra, que permanece em Czestochowa desde então.

À medida que a reputação de milagreira da imagem se espalhava, os peregrinos começavam a chegar de toda parte com oferendas valiosas para Nossa Senhora. Na Páscoa de 1430, uma gangue de ladrões arrombou a capela, saqueou o monastério e tentou escapar em uma carroça. Mas, assim como o príncipe Ladislaus, deram-se conta de que seus cavalos se recusavam a deixar Jasna Góra. Furiosos, os ladrões atiraram a imagem no chão, quebrando-a em três pedaços, depois a rasgaram com espadas e a pisotearam na lama.

Restauradores juntaram os pedaços e fizeram o possível para remendar o ícone. Alguns dizem que a imagem foi apagada e uma madona negra completamente nova foi pintada sobre o painel original. Outra história afirma que os ladrões não conseguiram destruir a pintura preciosa, apenas meramente a arranharam.

O ataque serviu para fortalecer a devoção a Nossa Senhora de Czestochowa. Os peregrinos vinham em número ainda maior, e o vilarejo se transformou em uma cidade movimentada. Uma igreja maior teve que ser construída para acomodar as multidões.

Em 1655, Czestochowa foi sitiada pelo exército sueco. As três maiores cidades da Polônia – Varsóvia, Cracóvia e Poznan – já tinham caído perante os invasores. Quando o exército de 3 mil homens alcançou os portões de Jasna Góra, foi recebido por menos de 200 soldados poloneses, um punhado de nobres e 70 monges. A situação parecia desesperadora, mas o amor de Maria os inspirava.

A batalha durou quarenta dias, e os defensores venceram. A vitória foi atribuída a Nossa Senhora de Czestochowa, que não apenas consolou seus seguidores mas inspirou o país inteiro a se erguer e repelir os suecos. Em humilde ação de graças, o rei polonês jurou consagrar seu reino à Mãe de Deus e proclamou-a sua padroeira e rainha. Desde então, Jasna Góra tem sido um centro de devoção a Maria, à liberdade e ao orgulho nacional. O santuário abençoado também se tornou uma fortaleza e continuou a repelir ataques ao longo dos séculos.

O século 18 trouxe novos desafios. O país foi dividido e passou a ser governado por três poderes estrangeiros: Áustria, Prússia e Rússia. Durante esses anos difíceis de ocupação, o santuário de Jasna Góra permaneceu como uma testemunha silenciosa da força polonesa e da proteção amorosa de Maria. Os governantes estrangeiros da Polônia proibiram as peregrinações, mas nada poderia erradicar a presença poderosa da Madona Negra nos corações do povo polonês.

Em 1920, o exército bolchevique russo chegou ao rio Vistula, às portas da cidade de Varsóvia. A batalha ocorreu durante a Festa da Assunção, o dia que celebra a subida de Maria aos céus. Milhares de peregrinos foram a Jasna Góra rezar por um milagre. Quando a derrota parecia iminente, a Virgem Maria apareceu nas nuvens sobre Varsóvia, e as forças russas subitamente recuaram. O evento tornou-se conhecido como o Milagre de Vistula.

Durante a Grande Depressão, quando muitas pessoas sofriam de pobreza extrema, a Nossa Senhora de Czestochowa continuou a encorajar e inspirar seu povo. Em 1932, um impressionante contingente de 750 mil peregrinos desafiou a falta de empregos e a crise econômica para celebrar o 550º aniversário da chegada da imagem santa a Jasna Góra.

A dedicação a Maria não poupa as pessoas de atribulações e dificuldades, mas lhes dá forças para o que vem pela frente. Mais tarde naquela mesma década, a Polônia enfrentou um de seus maiores testes quando as tropas nazistas invadiram Jasna Góra. A opressão política, a perseguição religiosa e os campos de concentração ameaçavam esmagar a nação. Apesar da proibição estrita de todas as peregrinações, 500 mil poloneses visitaram Jasna Góra em segredo durante a ocupação. Ao fim da guerra, mais 1,5 milhão fizeram a jornada até lá para rezar e agradecer pela liberação.

Mas a ocupação nazista foi seguida pela dominação comunista, e a opressão religiosa continuou. Apesar do perigo, a devoção a Maria seguiu florescendo de forma clandestina. Em 1957, uma réplica da Nossa Senhora de Czestochowa abençoada pelo papa Pio XII viajou pela Polônia para a alegria dos cidadãos oprimidos. Quando a União Soviética se desfez e os comunistas foram tirados do governo, o povo saudou sua liberação como o novo Milagre de Vistula. Nossa Senhora de Czestochowa atendera mais uma vez às preces de seu povo.

Para muitos poloneses, os pontos altos da história recente de Jasna Góra foram as visitas do primeiro papa polonês, João Paulo II. Ele tinha vivido as dificuldades da perseguição nazista e da opressão comunista e nutria um amor especial pela Nossa Senhora de Czestochowa. Conhecido por sua tremenda devoção a Maria, ecoou as preces de seu povo por mais de mil anos:

– A vontade de Maria está sendo feita – disse ele. – Aqui estou... Eu vim... O servo convocado desta terra, chamado ao pé de Jasna Góra, onde eu costumava parar, como vocês, e onde me ajoelhava no chão nu como vocês fazem por horas e horas... Mãe, eu sou teu, e tudo o que tenho é teu – ele pousou sua oferenda no altar em frente a Maria: uma rosa dourada.

A face de Nossa Senhora de Czestochowa se alterou ao longo dos séculos, marcada por agressões violentas e obscurecida pela passagem do tempo e pela fumaça. É impossível saber quanto da pintura aparece agora como se pretendia originalmente. Um exame feito em 1952 revelou que ela foi pintada em madeira de tília, e não em cipreste, como afirmava a lenda, e que os restauradores do século 15 trataram a pintura de estilo bizantino.

A tradição afirma que, quando a Virgem chegou a Jasna Góra, a imagem era enfeitada com itens preciosos, fixados com pregos. Após a restauração de 1430, o fundo foi adornado permanentemente com folhas de prata e ouro. Em algumas cerimônias, o ícone é envolto amorosamente em vestimentas antigas de preço incalculável. Dos nove mantos que ainda restam, diversos contêm corais, diamantes, rubis e gemas raras que remontam ao século 15. Cada manto tem seu nome. Um deles, chamado de Manto da Fidelidade, é enfeitado com rubis e alianças de casamento para a Santa Virgem, a noiva da nação. Para os devotos, os mantos de Maria apenas realçam a beleza do ícone.

Estima-se que nos últimos anos 4 milhões de peregrinos tenham viajado a Jasna Góra, muitos deles a pé, para visitar a guia e guardiã fiel de uma nação inteira.

Nossa Senhora de Czestochowa, rainha vitoriosa da Polônia!
Nós viemos a ti, ó Mãe. Por seis séculos teu olhar nos mira do retrato miraculoso de Jasna Góra, penetrando em nosso coração e nossa alma...

- De uma prece de gratidão a Nossa Senhora de Czestochowa

Maria, negra e bela

Muitos milagres e histórias dramáticas foram atribuídas a Nossa Senhora de Czestochowa, mas, além de sua intercessão poderosa, ela também é famosa por sua aparência, pois é uma de centenas de estátuas e ícones conhecidos como Madonas Negras ou Virgens Negras. Algumas foram pintadas com a pele escura, outras desenvolveram com o tempo sua coloração peculiar.

O grande escritor monástico São Bernardo de Claraval era devoto ardoroso de Maria. Ele a via como a noiva de Deus e acreditava que isso se refletia no Cântico dos Cânticos, o maravilhoso poema do Velho Testamento sobre o amor entre um homem e sua esposa. A mulher do poema declara "sou negra, porém bela" (*negra sum sed formosa*), e acredita-se que muitos artistas pintaram madonas negras para ilustrar essa frase. As lendas registram um encontro muito pessoal entre São Bernardo e a Virgem Negra de Affligem, na Bélgica. São Bernardo estava sofrendo de um bloqueio artístico no momento. Quando saudou a madona com um reverente "ave, Maria", ela respondeu com o mais informal "salve, Bernardo" e disse a ele para "continuar escrevendo".

Alguns escritores sugeriram que as madonas negras são remanescentes da adoração da deusa pré-cristã. Imagens antigas foram adaptadas para representar Maria, tornando assim mais fácil a transição para o cristianismo. Nos casos em que toda a pintura está escurecida, obviamente é mais provável que se trate do acúmulo de séculos de fumaça de velas e incenso. Muitas madonas negras modernas são retratadas deliberadamente com a pele escura como opção artística em igrejas africanas. No caso de outras madonas negras antigas, o sentido por trás de sua pele escura permanece um mistério.

"Sou negra, porém bela..."

Cântico dos Cânticos, 1:5

Uma vida com Nossa Senhora de Czestochowa

Fui criada em uma cidade grande a 200 quilômetros de Jasna Góra. Costumávamos viajar para as montanhas para visitar nossa avó e sempre fazíamos uma parada para ver a Nossa Santa Mãe – Nossa Senhora de Czestochowa.

Sempre a amei, mas nem sempre a conheci tão bem quanto agora. Cresci na Polônia comunista, onde a religião não era ensinada nos colégios. Porém tínhamos aulas de catecismo após a escola, e nelas aprendi a rezar para

Maria. Ela foi uma menina como eu, então compreendia melhor a mim e meus problemas! Pelo menos era assim que eu pensava. Ao rezar para Maria, vim a conhecer e amar seu filho.

Em 1983, eu era uma jovem estudante. O papa João Paulo II tinha acabado de anunciar que aquele seria um ano santo, marcando 1.950 anos desde a morte e a ressurreição de Cristo. Era início de agosto, e a Polônia estava no auge da temporada de peregrinação a Czestochowa. Certo dia, meus amigos e eu estávamos tomando café e conversando. Alguém perguntou:

– O que vamos fazer para comemorar este Ano Santo especial?

A resposta era óbvia:

– Vamos ver a Nossa Senhora de Czestochowa!

Combinamos de nos juntar a um grupo de peregrinos que sairiam de Varsóvia. Andamos os 220 quilômetros até Czestochowa. Não éramos apenas um pequeno conjunto de amigos da universidade, mas sim cerca de 300 pessoas, e o nosso era apenas um entre mais ou menos 12 grupos de cem a 400 peregrinos. Muitos amavam Maria e estavam dispostos a caminhar por ela.

Acordávamos todos os dias às 6 horas da manhã, caminhávamos com nossas mochilas e à noite dormíamos em barracas. Participávamos de missas, rezávamos o rosário, cantávamos hinos e escutávamos palestras. Fazíamos pausas breves para descansar, e parecia que cada lugarejo onde passávamos tinha um pequeno santuário para Nossa Senhora, deixado pelos muitos peregrinos que nos precederam ao longo dos séculos.

Caminhávamos com chuva ou sol. Não demorou muito para nos sentirmos exaustos, mas estávamos tão animados que mal dormíamos. Andávamos, cantávamos, rezávamos e trocávamos histórias de fé. Ao final de cada longo dia parávamos para jantar e tomar banho, e às 21 horas todos se reuniam outra vez para o hino a Nossa Senhora.

Cada um de nós caminhava até Maria movido por suas próprias intenções. Ação de graças por sua orientação, problemas para os quais precisávamos de auxílio, dúvidas quanto a nossa fé ou simplesmente por amor. Fui com minha irmã. Eu não sabia qual era a intenção dela, mas certamente conhecia a minha. Eu rezava por nossa mãe, que estava com uma doença séria do coração.

Caminhamos por nove dias para chegarmos no dia 15, dia da Festa da Assunção. Oh, que alívio foi alcançar nosso destino. Cair nos braços da Nossa Mãe foi tão lindo. Na presença de Maria, rezei por minha mãe.

Em Czestochowa, os dias também se encerravam com o hino das 21 horas. "Ó Maria, Rainha da Polônia, estou contigo, eu me recordo, mantenho a vigília." Como era bom poder finalmente cantar na presença dela! A cada manhã, o ícone original, geralmente coberto por uma réplica por motivo de segurança, era desvelado lentamente e recebido com muita música e alegria. Meus olhos se enchiam de lágrimas. Era como observar o nascer do sol.

Voltamos para casa revigoradas, e a vida voltou ao normal. Cerca de um mês depois minha mãe foi ao médico e voltou para casa atônita:

– Ele disse que eu estou bem – exclamou. – Meu coração está normal!

Minha irmã e eu nos entreolhamos em silêncio. Quase não podíamos acreditar, mas ao mesmo tempo sabíamos que milagres eram possíveis. Nossa Senhora escutara nossas preces. Minha mãe estava curada.

Depois daquela primeira peregrinação, fiquei "viciada". Repetimos a dose no ano seguinte e no outro também. Fiz o trajeto por sete anos. Nunca vou esquecer o ano em que choveu quase todos os dias por uma semana. No terceiro dia, todos estávamos exasperados. Se estávamos andando e sentíamos fome, como podíamos comer? Não havia abrigo: a comida acabava encharcada. No quinto dia, nem ligávamos mais.

– Ainda está chovendo? Não importa, vou comer um sanduíche ensopado.

Naquelas peregrinações, aprendi a ser paciente. Por que me preocupar? Até hoje, quando tenho problemas, eu simplesmente relaxo, rezo e não me preocupo. Deus toma conta de tudo. Se eu nunca tivesse feito as peregrinações, acho que não teria aprendido essas lições valiosas, que pratico todos os dias.

As peregrinações também me deram a chance de vivenciar a caridade de uma forma maravilhosa. Nas cidades por onde passávamos, os moradores ligavam seus aquecedores com antecedência, sabendo que estávamos para chegar, e nos recebiam em suas casas para que pudéssemos secar nossas roupas e descansar. Um supermercado nos doou sacolas plásticas para nos protegermos da chuva. As pessoas eram muito generosas conosco.

Nossa Senhora de Czestochowa sempre inspira o melhor nas pessoas. Ela nos ama e protege – uma verdadeira grande rainha da Polônia. Adoro falar sobre ela, mesmo que as pessoas às vezes me achem maluca!

Lembro quando comecei a trabalhar, um de meus colegas achava que eu era um pouco estranha. Eram meados da década de 1980, e um grande desastre aconteceu no Mar Báltico. Um navio militar afundou em um acidente e todos os tripulantes morreram, com exceção de um. Perguntei-me se ele não teria sobrevivido por ter rezado para Nossa Senhora. Era uma história muito triste, e eu tentei esquecê-la.

Mais ou menos uma semana depois, li uma entrevista com a mãe do sobrevivente. Ela contou uma linda história sobre quanto tinha rezado quando seu filho avisara que ia entrar para a Marinha. Ela levou-o a Czestochowa e o entregou a Nossa Senhora. Quando ele foi para o mar, ela passou a rezar no santuário todos os dias. Então entendi como ele tinha conseguido sobreviver. Dei o artigo àquele meu colega de trabalho, e, sim, ele começou a acreditar que talvez essa tal de Nossa Senhora de Czestochowa tivesse algum poder!

Nossa Senhora sempre me auxiliou e nunca me abandonou. Quando vim para a Austrália, há dez anos – sem saber falar inglês –, ela estava ao meu lado. Aprendi quase todo o meu inglês com um grupo de rosário do qual participei. Agora, quando visito a Polônia, sempre vou a Jasna Góra. Vejo minha família e os amigos, mas a viagem não está completa sem uma visitinha a Nossa Santa Mãe.

Meu momento favorito com Nossa Senhora? Cada momento é novo e cheio de surpresas maravilhosas! Parece que cada vez que entro na capela de Jasna Góra chego exatamente na hora da missa, mesmo quando não planejo assistir a ela – um presente de Nossa Senhora. Da última vez, cheguei exatamente na hora de uma missa especial para famílias polonesas que moram no exterior. Foi perfeito!

Também me lembro de um ano em que nosso grupo recebeu permissão especial para passar dos portões de metal que normalmente protegem Nossa

Senhora. Passamos a noite rezando diante dela. Eu nunca tinha chegado tão perto, poderia ter entendido a mão e a tocado! O tempo pareceu voar. Era como estar no paraíso – eu tinha a impressão de flutuar.

Senti isso muitas vezes. Mas a fé é mais do que um sentimento, e eu rezo para Nossa Senhora mesmo quando não tenho vontade. Estar perto dela é como estar perto do céu. Em Jasna Góra ou na Austrália, ela está sempre comigo. Ela tem muitos nomes na Polônia e no mundo todo. Tem muitas faces, mas é uma única Mãe. Sempre terei um lugar especial no meu coração para nossa linda Senhora de Czestochowa.

- Henryka, *oeste da Austrália*

A medalha milagrosa de Maria

França

Em 1806, no pequeno vilarejo de Fain-les-moutiers, perto de Dijon, na Borgonha, nascia Catarina Labouré. Seu pai era dono da maior fazenda da região, e ela e os dez irmãos e irmãs tiveram uma boa vida até a morte da mãe, quando Catarina tinha apenas 10 anos de idade.

Em sua tristeza, Catarina viu uma estátua da Virgem Maria, em uma prateleira alta no quarto da mãe, e subiu em uma cadeira para pegá-la.

– Agora, Santa Mãe – disse, apertando a imagem contra o peito –, você será a minha mãe.

Daquele momento em diante, sempre que se deparava com dúvidas, medos ou dificuldades, Catarina levava Maria ao coração.

Catarina e sua irmã mais nova, Tonine, foram morar com um parente na cidade próxima de Saint-Rémy. Lá ela recebia instrução religiosa do padre local. Era o mais próximo que Catarina teria de uma educação formal, embora seus pais e irmãos todos tivessem frequentado pelo menos alguns anos de escola. A falta de instrução provaria ser um grande obstáculo para Catarina pelo resto da vida.

Quando sua irmã mais velha entrou para um convento, Catarina, agora com 12 anos, foi levada de volta para cuidar da casa da família. Cozinhava, limpava e cuidava dos animais e dos trabalhadores da fazenda. Ia à igreja sempre que podia. Mesmo quando isso significava longas caminhadas até o centro do vilarejo, nenhum esforço parecia grande demais para a menina trabalhadora. Não demorou muito para que ela sentisse o desejo de seguir a vida religiosa, mas seu pai já tinha permitido que uma filha entrasse para o convento e não queria perder outra. Ela foi mandada a Paris para esquecer a ideia, mas isso apenas aprofundou seu desejo. Por fim, tornou-se noviça com as Irmãs da Caridade de Châtillon, aos 23 anos de idade. Era uma noviça comum: embora inteligente, escrevia muito mal, mas era esforçada e silenciosa.

Suas companhias preferidas eram Deus e os santos. Uma noite, em seu primeiro ano no convento, ganhou uma relíquia de São Vicente de Paula, um dos fundadores de sua ordem. Era uma noite de verão, véspera da festa de São Vicente. Antes de dormir, ela cortou a relíquia em duas e engoliu um pedaço, com uma prece sincera para que São Vicente lhe concedesse uma graça pela qual havia muito ela rezava: ver a Virgem Santa que a guiara desde a infância.

Perto da meia-noite, ela despertou com uma voz que chamava seu nome. Mais tarde, Catarina recordou o acontecido:

– Olhei na direção da voz e, afastando o dossel da minha cama, vi um menino de 4 ou 5 anos vestido de branco. Ele disse "Vamos à capela. A Virgem está esperando por você." Achei que alguém poderia escutar, mas a criança disse: "Não se preocupe. São 23h30, e todos estão dormindo. Vamos, não tenha medo. Estou esperando por você." Vesti-me apressadamente e o acompanhei. Ele irradiava luz e andava à minha esquerda. Fiquei muito surpresa ao ver todas as lamparinas do corredor acesas e ainda mais perplexa quando a porta da capela se abriu com um leve toque do dedo do menino e vi o salão iluminado como para a missa da meia-noite. Mas não vi a Virgem Santa. A criança me conduziu ao santuário. Ajoelhei-me ao lado da cadeira do padre. O menino permaneceu em pé... Finalmente, o momento havia chegado, e ele avisou: "Aqui está a Virgem Santa, aqui está ela!" Escutei um som baixo, como o farfalhar de um vestido de seda, vindo do lado do santuário onde ficava a imagem de São José. A Virgem apareceu e se sentou na cadeira do padre. Olhei para ela, sem saber se era realmente Nossa Senhora.

Então a criança repetiu suas palavras e Catarina compreendeu quem era a visitante.

– É impossível expressar o que senti – ela continuou. – Eu não hesitei mais. Olhei para ela, dei um passo para a frente, caí de joelhos nos degraus do altar e pousei minhas mãos nos joelhos dela. Ali tive o momento mais doce de minha vida.

Maria falou a Catarina sobre o futuro da França, prevendo o assassinato de um arcebispo de Paris e os violentos protestos políticos que estavam por vir. Os fatos previstos aconteceram na semana seguinte, na violenta revolução de três dias de julho de 1830. Em 1848, o monsenhor Affre, arcebispo de Paris, foi morto a tiros enquanto tentava pacificar uma multidão de revoltosos.

– Tenho uma missão a lhe confiar – disse Maria. – Você sofrerá muito para cumpri-la, mas a fé em que tudo será para a glória de Deus vai lhe dar forças para superar todas as dificuldades. Você será criticada, mas não tema. A graça lhe será concedida.

– Não sei quanto tempo passei na capela – escreveu Catarina –, mas chegou um momento em que ela não estava mais na minha frente, e eu a vi desaparecer como uma sombra pelo mesmo lado do santuário de onde tinha surgido. Levantei-me, refleti sobre o que tinha visto e ouvido e, voltando-me, vi que o menino ainda estava lá. Ele disse apenas: "Ela se foi." Voltamos ao dormitório pelo mesmo corredor, que ainda estava iluminado. Acredito que a criança fosse meu anjo da guarda, pois eu sempre tinha rezado para ele pedindo o favor de ver a Virgem Santa. Escutei o relógio soar duas badaladas assim que voltei para cama, mas não consegui dormir outra vez.

A vida voltou ao normal até 27 de novembro, quando Catarina e as outras noviças estavam na capela em meditação noturna. Rezavam em silêncio quando os ouvidos de Catarina captaram o mesmo som que ela já escutara antes, o delicado farfalhar de um vestido de seda.

Erguendo os olhos, ela viu Maria parada ao lado de uma imagem de José. Seu vestido branco e dourado e um longo véu flutuavam até seus pés, que descansavam sobre um globo. Nas mãos, ela trazia um pequeno globo, e tinha os olhos voltados para o céu. Após alguns instantes, o pequeno globo desapareceu e Maria ergueu as mãos na direção de Catarina. Anéis preciosos surgiram em seus dedos, emitindo raios de luz brilhante.

Os raios caíam a seus pés e sobre o globo no qual ela se apoiava. Catarina escutou uma voz vir de dentro de si:

– Minha filha, este globo representa o mundo, a França em particular e também cada alma individual.

A voz explicou que as luzes dos anéis eram "um símbolo das graças que derramarei sobre todos os que me pedirem".

Uma grande moldura oval apareceu, cercando Nossa Senhora e o globo, e uma linha curva de palavras surgiu entre as mãos dela: "Ó Maria, concebida sem pecado, orai por nós que a vós recorremos."

A voz dentro de Catarina falou outra vez:

– Mande cunhar uma medalha – disse – segundo este modelo.

Maria prometeu "graças abundantes para os que a carregassem com fé", especialmente se a usassem no pescoço.

A figura diante de Catarina pareceu se virar, e outra imagem apareceu: uma grande letra M entrelaçada a uma cruz. Abaixo delas havia dois corações, um transpassado por uma espada, o outro ferido por uma coroa de espinhos. Então a imagem desapareceu, juntamente com Maria, e Catarina ficou imersa em seus próprios pensamentos, atônita. As outras noviças não tinham visto nada daquilo.

Catarina abriu o coração para seu confessor, o padre Aladel. Prudente, ele não a encorajou. Afinal de contas, era grande a chance de que a moça sofresse delírios, ou que, na melhor das hipóteses, tivesse uma imaginação muito ativa. Ele preferia esperar para ver.

No mês seguinte, enquanto meditava na capela, Catarina viu Maria outra vez. Dessa vez, o som do vestido veio do altar-mor, acima e atrás do tabernáculo. Aos pés de Maria havia uma serpente. Em suas mãos, algumas das joias preciosas estavam opacas. Eram "as graças que as pessoas se esquecem de pedir", ela explicou com tristeza.

– Você sabe muito bem que o padre Aladel não acredita em mim – disse Catarina a Maria. – Ele não quer mandar cunhar a medalha.

– Não se preocupe – garantiu Maria. – Um dia ele irá fazer o que peço. Ele é meu servo e tem medo de me desagradar.

Catarina voltou ao cético confessor e lhe contou o ocorrido. Dessa vez, o padre Aladel pediu permissão ao arcebispo de Paris para mandar fazer as medalhas. Este concordou, e um lote inicial de 1.500 medalhas foi produzido. Relatos de graças especiais e milagres começaram a chegar de toda a França. O uso da medalha, combinado a preces sinceras, produzia resultados maravilhosos. A demanda pelas medalhas cresceu. Na década que se seguiu, uma única fábrica de Paris produziu 20 milhões de unidades.

Em 1836, quatro anos após as primeiras medalhas ficarem prontas, a igreja abriu um inquérito sobre as aparições. O relatório do arcebispo concluiu: "Se a medalha tivesse sido produzida com base em mentiras e truques, os céus não teriam permitido que ela fosse a fonte das graças e favores que foram e continuam a ser concedidos àqueles que nela demonstram fé."

Catarina Labouré continuou seu trabalho humilde, discreta e anonimamente, enquanto o mundo se entusiasmava com a medalha e agradecia as graças que dela advinham. Ninguém sabia quem ela era, muito menos o que havia feito. Ela teve uma vida simples, cuidando de idosos pobres no Hospice d'Enghien por quarenta e dois anos, trabalhando na cozinha e na lavanderia e atendendo a porta. Morreu aos 70 anos do mesmo modo como tinha vivido, na obscuridade.

Em 1933, o corpo de Catarina foi exumado da capela do asilo. Não demonstrava sinais de decomposição. Catorze anos depois, ela foi declarada santa. Agora o corpo de Santa Catarina repousa na capela da rua du Bac, onde seu sonho de ver Maria se realizou.

Recebei esta medalha, usai-a com fé e tratai-a com a devida reverência para que a pia e imaculada Rainha dos Céus possa proteger e defender-vos e, renovando sempre os mistérios de sua bondade, misericordiosamente obtenha para vós o que vós suplicardes a Deus: que vós descanseis em seu abraço maternal por toda a vida e também na morte. Amém.

- Dedicatória da medalha milagrosa

A Madona do Milagre

França

Marie-Alphonse Ratisbonne nasceu em uma rica família judia de banqueiros. Quando seu irmão mais velho se converteu ao catolicismo e se tornou padre, a família o rejeitou e deserdou. O jovem Marie-Alphonse jurou nunca mais falar com o irmão.

Ratisbonne estudou Direito e tornou-se um intelectual. Não era judeu praticante, declarava-se agnóstico. Aos 28 anos, recém-noivo e buscando uma última aventura de solteiro, começou uma viagem de inverno pela Europa. Sem se dar conta, pegou o navio errado e viu-se a caminho de Roma.

Decidindo aproveitar a situação inesperada, começou a explorar a cidade, incluindo o famoso gueto judaico de Roma. A pobreza e a sujeira só fizeram aumentar sua hostilidade contra o cristianismo.

Em suas perambulações, Ratisbonne encontrou um antigo colega protestante de Estrasburgo, que o apresentou ao seu irmão mais velho, o barão Theodore de Bussières, o qual era amigo íntimo do irmão padre de Ratisbonne e também se convertera ao catolicismo.

Ratisbonne não gostava muito dos católicos, mas tinha planos de visitar Constantinopla, e o barão era especialista na cidade. De alguma forma, os dois superaram suas diferenças religiosas e se tornaram amigos.

O barão acreditava que o poder de Maria seria capaz de amolecer o coração de Ratisbonne. Por isso, propôs um desafio: que seu amigo usasse a medalha milagrosa e recitasse a Lembrai-vos, uma pequena prece à Mãe de Deus, todas as manhãs. Vendo uma oportunidade de expor o catolicismo como uma bobagem supersticiosa, Ratisbonne concordou.

– Se não me fizer bem, pelo menos mal não irá fazer – disse, rindo e curvando-se para que a filhinha do barão pendurasse a medalha em seu pescoço.

Durante o período do desafio, o barão também pediu que outros aristocratas franceses residentes em Roma rezassem por Ratisbonne.

Um deles era o ex-diplomata conde Laferronays. Após uma juventude notoriamente dissoluta e escandalosa, ele agora era um católico devoto. O conde rezou mais de 20 Lembrai-vos pela conversão de Ratisbonne. Na mesma noite, morreu de um ataque cardíaco.

A triste notícia se espalhou rapidamente. O barão e Ratisbonne foram à Basílica de Santo André delle Fratte, onde Ratisbonne esperou enquanto seu amigo tomava as providências para o enterro. Ao retornar, o barão encontrou Ratisbonne de joelhos, chorando.

Durante todo o trajeto de volta para o hotel, Ratisbonne continuou a chorar e a segurar a medalha milagrosa que trazia no pescoço, murmurando graças a Deus. Por fim, abraçou o barão e pediu para ser levado a um padre.

– O que houve? – exclamou o barão. – O que você viu?

Mas Ratisbonne não quis lhe contar. O barão levou-o a uma casa de padres jesuítas. Ainda em lágrimas e agarrado à medalha, ele falou:

– Eu a vi. Eu a vi... Ela não disse uma palavra sequer, mas eu compreendi tudo.

Ele prosseguiu com uma história espantosa:

– Mal havíamos entrado na igreja – explicou –, e uma confusão total tomou conta de mim. Quando ergui os olhos, tive a impressão de que a igreja toda fora engolida pelas trevas, exceto uma capela. Era como se toda a luz estivesse concentrada naquele único local. Olhei para a capela de onde vinha tanto brilho, e acima do altar estava uma figura viva, alta, majestosa, linda e cheia de misericórdia. Era a Santa Virgem Maria, semelhante à imagem da medalha milagrosa. Quando a vi, caí de joelhos. Não conseguia erguer os olhos devido à luz resplandecente, então me fixei em suas mãos, e nelas pude ler a expressão da misericórdia e do perdão. Na presença da Santa Virgem Maria, embora ela não tenha me dirigido uma só palavra, compreendi a terrível situação em que me encontrava, meus pecados e a beleza da fé católica.

Onze dias depois, ele foi batizado.

A história de Ratisbonne logo se espalhou, e muitas pessoas foram assistir a seu batismo. Uma longa investigação pelo Vaticano concluiu que a súbita conversão fora inteiramente milagrosa, um ato de Deus concretizado por meio da ajuda poderosa da Virgem. A conversão de Ratisbonne popularizou a devoção à medalha milagrosa na França e no mundo todo.

Uma imagem da aparição foi pintada e colocada no local onde Maria surgiu, recebendo o nome de Madona do Milagre. Ratisbonne imediatamente se reconciliou com seu irmão padre e ajudou-o a fundar a Irmandade de Nossa Senhora do Sião, uma ordem religiosa que cuidava de judeus e rezava por sua conversão. Ele também se tornou padre jesuíta e acabou indo para Jerusalém com as Irmãs do Sião, onde construiu conventos, escolas e orfanatos e continuou a trabalhar pela conversão de judeus e muçulmanos. Relatos afirmam que, ao morrer, ele entrou em êxtase ao ver pela última vez a santa senhora que o levara a se converter.

Lembrai-vos, ó Piíssima Virgem Maria,
de que nunca se ouviu dizer
que algum daqueles que tenha recorrido à vossa clemência,
implorado a vossa assistência,
reclamado o vosso socorro, fosse por vós abandonado.
Animado eu, pois, com igual confiança, a vós,
Virgem das Virgens, como Mãe recorro,
de vós me valho e, gemendo sob o peso de meus pecados,
me prostro a vossos pés.
Não desprezeis as minhas súplicas, ó mãe do Verbo de Deus humanado,
mas dignai-vos de as ouvir propícia e de me alcançar o que vos rogo.
Amém.

\- Prece Lembrai-vos

Maria da Luz

Egito

Logo após o pôr do sol de uma tarde do início de abril de 1968, milhares de olhos foram atraídos para os domos da Igreja Ortodoxa Copta da Virgem Maria, em Zeitoun, no Cairo. A figura resplandecente de uma mulher de branco pairava no ar entre os telhados. Um halo de luz branca cercava sua cabeça, e pombas de luz esvoaçavam ao seu redor quando ela se movia. Uma fumaça roxa perfumada enchia o ar. Por três horas, o povo observou a linda e estranha figura, e curas milagrosas aconteceram na multidão.

Um morador da rua Tumanbay, onde fica a igreja, ainda se recorda daquela primeira aparição:

– Havia uma grande garagem para ônibus em frente à igreja, e uma hora e meia depois do pôr do sol os mecânicos e motoristas (que eram todos muçulmanos) se assustaram com a confusão que vinha da rua. Correram para fora e olharam na direção das faces erguidas das pessoas. Uma jovem vestida de branco tinha aparecido no domo da igreja. Eles a viram se mover e pensaram que ela ia se jogar lá do alto. "Cuidado, cuidado, você vai cair! Espere!", eles gritaram, antes de se darem conta de que o domo era curvo e nenhum ser humano conseguiria caminhar sobre ele.

Então algumas pessoas que também a observavam exclamaram: "A Virgem Maria, a Virgem Maria!" O tráfego na rua Tumanbay parou, e a multidão crescia a cada minuto. A rua foi fechada e os ônibus não podiam mais passar. As pessoas vinham passar a noite na garagem em frente à igreja.

Essa foi apenas a primeira de muitas aparições semelhantes ao longo dos quatro anos seguintes, as quais duravam de alguns minutos até nove horas. Eram transmitidas ao vivo pela televisão egípcia e testemunhadas por milhões de egípcios e visitantes, pessoas sem fé e de todas as religiões – ortodoxos, católicos, protestantes, judeus, muçulmanos. Até mesmo o presidente egípcio, Gamal Abdel Nasser, testemunhou o fenômeno. Ao constatar que as pessoas estavam dormindo na garagem próxima à espera da aparição, ele doou o terreno à igreja para que esta fosse transformada em uma catedral.

Inicialmente, a polícia local supôs que a aparição de Maria fosse um embuste. Vasculharam as ruas em torno da igreja em um raio de 25 quilômetros, mas não encontraram qualquer dispositivo que pudesse produzir as imagens. Quando a luz foi cortada na área, a aparição brilhou com potência ainda maior. As curas continuaram e foram verificadas por médicos. Cegueira, mutismo, paralisia e câncer foram apenas alguns dos transtornos milagrosamente remediados.

A mulher aparecia rezando ajoelhada diante de uma cruz luminosa, cercada de estrelas brancas ou acenando e assentindo com a cabeça em um gesto de bênção. Às vezes aparecia de corpo inteiro, às vezes apenas como um busto. Em certas ocasiões, tomava a forma de uma nuvem muito brilhante, cercada de luzes em forma de pombas que se moviam em alta velocidade. De vez em quando um anjo também aparecia por trás dela, abrindo as asas, ou línguas de fogo amarelo tremulavam acima da igreja. Algumas vezes ela parecia trazer nas mãos um ramo de oliveira, um sinal de paz e também símbolo da cidade de Zeitoun, que é a palavra em árabe para azeitona.

O papa Cirilo VI, que era o patriarca ortodoxo copta na época, formou uma comissão para investigar as aparições, e um mês após a primeira ocorrência ele confirmou que o fenômeno era milagroso. O patriarca católico local, o chefe de todos os ministérios evangélicos protestantes do Egito e o diretor do colégio jesuíta concordaram: tratava-se mesmo de Sitt Mariam, Santa Maria. Todos os que viam Maria reagiam a ela a seu modo: alguns choravam, alguns eram curados, todos rezavam.

Os devotos tiraram suas próprias conclusões a respeito dessas aparições silenciosas. Uma possível explicação reside nas origens da igreja copta. A bela construção data de 1924 e foi erigida no local onde os cristãos acreditam que Maria, José e o menino Jesus foram morar quando fugiram da perseguição dos romanos em Jerusalém. Segundo as lendas locais, a Virgem Maria teria aparecido para o filho de um advogado próspero e solicitado que ele mandasse construir uma igreja em nome dela naquele local. Ela prometeu aparecer outra vez cinquenta anos depois e cumpriu sua promessa em 2 de abril de 1968.

Um historiador que escreveu sobre o evento, Pearl Zaki, sugeriu que a aparição de Maria, tão perto do fim da Guerra dos Seis Dias entre os árabes e Israel, foi um pedido de paz. Como os coptas não visitavam mais os lugares sagrados de Jerusalém, talvez Maria tenha ido a eles. Ou talvez sua aparição tenha sido uma resposta às preces dos cristãos árabes do Egito, Líbano e Síria.

Apesar de suas diferenças, os muçulmanos e cristãos de Zeitoun se uniram em profundo respeito e reverência pela aparição. O povo rezava e cantava hinos nas ruas em torno da igreja até o nascer do sol.

Em Zeitoun, Maria se dirigiu pessoalmente aos muçulmanos, aparecendo primeiro para os mecânicos e motoristas que trabalhavam no Departamento de Transporte Público em frente à igreja. Um mecânico muçulmano foi o primeiro a ser curado milagrosamente. Ele ia ter um dedo amputado na manhã seguinte à aparição, mas quando o curativo foi removido para a cirurgia suas feridas tinham desaparecido.

Maria, ou Maryam, como é conhecida em árabe, é a única mulher citada no Alcorão. Um dos capítulos tem seu nome e descreve sua vida em mais detalhes do que a Bíblia. Embora os dois livros discordem em detalhes importantes, ambos enfatizam a pureza, a fé e a dedicação de Maria a Deus.

Wagih Rizik, um fotógrafo profissional que havia perdido os movimentos do braço esquerdo em um acidente de carro no ano anterior, ouviu falar das aparições em Zeitoun e decidiu visitar a igreja. Ele viu Maria pela primeira vez às 2h45 da manhã. Ela irradiava uma luz quase ofuscante.

– A aparição era fabulosa... A reverência e o medo me atingiram como um choque elétrico – recorda ele.

Sem conseguir dormir após uma experiência tão impressionante, ele desejou ardentemente fotografar a visão, mas, em suas visitas subsequentes, ou Maria não apareceu, ou Wagih ficou atônito demais para se mover na presença dela. Por fim, às 3h40 da manhã de 13 de abril, ele fez algumas fotos e voltou para casa muito animado.

– Repassei em minha mente cada momento do meu encontro com a Virgem... Enquanto observava a aparição da Virgem Santa, esqueci o fato de que, quando fiz a primeira foto apressadamente, usei a mão esquerda! Sim, minha mão esquerda... a mão que cinco médicos, alguns deles entre os mais famosos cirurgiões do Egito, disseram que jamais se moveria outra vez... A Virgem Maria curou milagrosamente aquela mão! Comecei a mexer minha mão para cima, para baixo, para os lados, em círculos, acenando com os dedos bem abertos... Eu estava curado... completamente curado depois que a Virgem apareceu. E desde esse dia a câmera está sempre comigo, e a câmera e eu nunca saímos de Zeitoun.

Wagih Rizik nunca vendeu as fotos nem cobrou pela sua publicação. As aparições terminaram em 1971, depois que o governo egípcio supostamente começou a vender ingressos para os interessados em ver Maria.

Zeitoun foi o primeiro lugar do Egito a ser presenteado com aparições de Maria, mas certamente não foi o último. O país parece ter um lugar especial no coração da Virgem. A igreja cristã copta tem um relato detalhado da jornada de Maria pelo Egito com José e o menino Jesus. Milagres ocorreram em muitos lugares visitados pela família, e desde o surgimento de Maria em Zeitoun aparições milagrosas foram registradas em todos esses locais.

Uma das dádivas de Maria ao mundo é a paz, e esse certamente foi o caso do Egito. Desde o aparecimento de Maria em Assiut, um foco de disputas religiosas, as relações entre cristãos e muçulmanos melhoraram enormemente.

A presença de Maria ainda se faz sentir em Zeitoun por meio do novo senso de comunidade que se desenvolveu em torno de sua igreja, em frente à qual uma nova catedral foi construída. Em torno dela há dois lares para idosos, uma hospedaria para jovens peregrinas e estudantes de fora do Cairo e uma clínica onde os pobres recebem tratamento médico gratuito. A igreja também oferece aconselhamento jurídico para os necessitados, oportunidades de trabalho para desempregados e auxílio financeiro a estudantes. São distribuídos cobertores para moradores de rua, que também recebem aconselhamento e orientação espiritual. Pessoas vêm de todas as partes do mundo para rezar em Zeitoun. Mais de 4 mil pessoas assistem à missa na catedral às sextas-feiras e aos domingos. Em uma área tão conturbada do planeta, Maria, a Mãe da Luz, aproxima-se de todos os seus filhos, guiando-os no caminho pacífico da reconciliação.

Maria, Deus a escolheu. E a purificou.
Ele a escolheu. Acima de todas as mulheres.

- Do Alcorão, verso recitado pelos fiéis muçulmanos enquanto assistiam à aparição de Maria em Zeitoun

Ó Theotokos [Mãe de Deus], o segundo Paraíso,
Tu és a honrada Mãe da Luz.

- Do Livro de Horas ortodoxo copta

Maria no Egito

Por toda a nação egípcia estão espalhados lugares por onde Maria viajou com José e Jesus, fugindo de Herodes. A tradição oral registra três anos e meio de dificuldades nos quais a santa família se deslocou pelo Egito, buscando refúgio da perseguição romana.

Segundo a Igreja Ortodoxa Copta, essa jornada foi descrita pelo papa copta Theophilus quatro séculos mais tarde, quando Nossa Senhora lhe apareceu e revelou detalhes da fuga. Hoje em dia, poços, igrejas e fontes são considerados lugares sagrados onde a família parou para descansar. Em Mostorod, antigamente chamada Al Mahamma, ou local do banho, Maria parou para dar banho em Jesus e lavar suas roupas. Em Wadi Natroun, em uma área de lagos salobros, o único poço de água doce é conhecido como Beer Mariam, o Poço de Maria.

Em Matariyah, que hoje é um subúrbio de Cairo, a Virgem Maria derramou água no chão ao lavar as roupas de Jesus. Um pé de abeto perfumado nasceu naquele ponto – uma espécie de árvore que não é nativa do Egito – e a santa família descansou na sua sombra. A essência do abeto é usada na preparação de medicamentos e perfumes para os santos óleos usados nas cerimônias coptas. A árvore ainda está de pé, atraindo muitos peregrinos, e é conhecida como a Árvore de Santa Maria.

Maria de Lourdes

França

No vilarejo de Lourdes, nas pitorescas montanhas dos Pireneus, no sudoeste da França, a família Soubirous estava em situação desesperadora. O pai, um moleiro falido, fora preso por furto, e a família tivera que deixar o moinho. Sua nova moradia era uma única peça em um prédio dilapidado que havia abrigado a cadeia local. A construção mantinha o ar de prisão, com sua única janela fechada por barras de ferro e mobília escassa.

Em uma manhã ensolarada de fevereiro em 1858, Bernadette Soubirous, de 14 anos, foi juntar lenha com sua irmã Toinette e a amiga Jeanne. O inverno começava a se despedir dos campos franceses, mas à sombra das imponentes montanhas as meninas ainda sentiam uma pontada gélida no ar.

As três chegaram a um riacho raso que desembocava no rio Gave, correndo entre as rochas cinzentas e escarpadas conhecidas como rochedos de Massabielle. Toinette e Jeanne não perderam tempo e, descalçando os tamancos de madeira, puseram-se a atravessar a água límpida, rindo e brincando.

Bernadette, uma criança de saúde frágil, era mais reservada. Pediu que Toinette jogasse algumas pedras no riacho para que ela pudesse cruzá-lo de maneira mais confortável. Em vez de ajudar a amiga, as duas meninas mais jovens atravessaram a corrente e entraram no bosque, conversando animadamente e deixando Bernadette para trás.

Sozinha do outro lado do riacho, Bernadette não teve opção senão segui-las. Tirou as meias e os tamancos e, hesitante, colocou um dos pés na água. De repente, um som como o de uma forte rajada de vento passou por seus ouvidos – mas os plátanos à beira do rio não se moveram. Outro som semelhante chamou sua atenção para uma roseira selvagem que crescia na outra margem do riacho entre alguns arbustos espinhentos. Ela marcava a entrada de uma caverna.

Na boca da pedra estava a figura resplandecente de uma menina de vestido branco simples amarrado com uma faixa azul. Em cada pé descalço havia uma rosa amarela, e sua cabeça estava coberta com um véu. Os braços estavam estendidos, como se para abraçar Bernadette, e um rosário pendia de seu pulso. A jovem irradiava uma luz que Bernadette descreveu como mais brilhante do que qualquer outra que ela já vira, mas que não feria seus olhos nem a desorientava. Bernadette notou que ela mesma era mais alta do que a menina, a qual parecia ter a sua idade.

Bernadette caiu de joelhos e pegou o rosário que trazia no bolso, mas não conseguiu rezar nem mover as mãos. Quando a menina ergueu a mão para fazer o sinal da cruz, Bernadette percebeu que já podia fazer o mesmo. Enquanto Bernadette rezava segurando cada conta, a menina feita de luz passava o próprio rosário entre os dedos, como se as duas estivessem rezando em uníssono, mas sem palavras. Quando a oração de Bernadette terminou, a menina baixou a cabeça e desapareceu.

Toinette e Jeanne retornaram e viram Bernadette de joelhos. Ela não parecia escutar seus chamados nem sentir os pedregulhos que as duas atiraram na sua direção para chamar atenção. Por um momento, Toinette temeu que ela pudesse estar morta, mas Bernadette logo se pôs em pé e atravessou o riacho para falar com as amigas.

– Que mentirosas vocês são – exclamou alegremente. – Disseram que a água estava fria, mas está tão quente quanto a água de lavar os pratos.

Chegando ao outro lado, Bernadette perguntou se as meninas tinham visto alguma coisa.

– Não – elas responderam intrigadas. – O que você viu?

– Nada – disse Bernadette, disfarçando.

Mas ela não conseguia parar de pensar no encontro que tivera.

Quando Jeanne tomou o caminho de sua casa, Bernadette confidenciou a história à irmã e a fez prometer que não contaria nada a ninguém. Mas, quando chegaram em casa, Toinette relatou tudo à mãe, Louise, assim que Bernadette saiu da sala.

Quando Bernadette retornou, a mãe foi muito hostil. Louise questionou-a asperamente e bateu nas duas meninas com um pedaço de pau. Ela tentou convencer Bernadette de que sua visão era apenas uma pedra branca, mas a menina aferrou-se fielmente à sua história, e Louise a proibiu de voltar à caverna.

Três dias depois, no entanto, um impulso levou Bernadette à gruta outra vez de manhã bem cedo. Com ela foram duas mulheres levando uma vela benta, pena, papel e tinta. Quando a jovem apareceu novamente, Bernadette reuniu coragem para falar:

– Se você vem de Deus, por favor me diga o que quer. Se não, vá embora.

Maria sorriu ao ouvir essas palavras sábias e balançou a cabeça. Bernadette entendeu isso como um sinal de que devia ir embora e começou a recuar. Maria indicou que ela devia ficar, mas sem as duas mulheres. Elas se afastaram, embora não tivessem visto nada até então.

– Pode por favor escrever seu nome e o que quer? – perguntou Bernadette.

Maria sorriu enquanto repetia, no dialeto local de Bernadette:

– Não é preciso anotar o que tenho a lhe dizer.

Com grande euforia, Bernadette correu para contar às duas mulheres o que a menina radiante havia dito. Maria riu ao ver a alegria da garota. Quando ela retornou, Maria perguntou:

– Pode me fazer o favor de vir a este lugar durante quinze dias?

Bernadette ficou felicíssima com a proposta de encontrar aquela linda visão tantas vezes e teria adorado dizer sim imediatamente, mas, recordando a oposição da mãe, prometeu que viria se conseguisse a permissão dos pais.

– Não prometo fazê-la feliz neste mundo terreno – disse Maria –, mas nos céus.

E desapareceu.

Os pais de Bernadette lhe deram permissão, e pelos catorze dias seguintes a menina foi à gruta santa, muitas vezes seguida por grupos cada vez maiores de curiosos. Apesar do alvoroço das pessoas, o único interesse de Bernadette era pela linda Maria. Às vezes ela falava, às vezes as duas simplesmente se olhavam em silêncio.

Como o dia seguinte era Sexta-Feira Santa, o dia da morte de Cristo na cruz, Bernadette foi à caverna com uma vela benta acesa, começando uma tradição que ainda é observada em Lourdes nos dias de hoje. Nessa ocasião, nenhuma palavra foi trocada. Foi simplesmente um momento de paz.

Durante uma aparição, Maria ensinou a Bernadette uma oração pessoal que deixou a pequena camponesa muito triste. Em outra ocasião, ela lhe contou um segredo que não deveria ser repassado a mais ninguém.

Mas foi a nona aparição que deixou o efeito mais duradouro na comunidade de Lourdes. Cerca de 300 pessoas tinham se reunido em torno da gruta. Embora não pudessem ver nem escutar Maria, sabiam que estavam na presença de algo extraordinário.

Quando Maria apareceu, disse a Bernadette para entrar na caverna de joelhos e apontou para o solo:

– Vá e beba, banhe-se na fonte e coma as plantas verdes que encontrar.

Bernadette pensou que Maria devia estar se referindo ao rio Gave, mas quando estava se virando para sair Maria a deteve. Bernadette olhou para o dedo ainda apontado de Maria e percebeu que ela estava indicando uma poça de água barrenta. Pondo-se de joelhos, ela tomou a lama nas mãos.

Os primeiros três punhados de água estavam barrentos demais, mas na quarta tentativa ela conseguiu beber. Lavou as mãos e o rosto, ficando com marcas de lama escorrida nas bochechas. Encontrou algumas ervas amargas perto da poça, as quais comeu conforme o pedido de Maria. Nesse momento, muitos espectadores foram embora, convencidos de que aquela "visionária" não passava de uma louca.

No dia seguinte, a poça tinha se transformado em uma fonte gotejante. O sermão daquele dia falava em "uma piscina em Jerusalém... na qual uma multidão de sofredores costumava se deitar, os cegos, os aleijados, os deficientes, esperando que a água se movesse. De tempos em tempos, um anjo do Senhor descia sobre a piscina e as águas eram remexidas, e o primeiro homem que se banhasse nelas depois disso se recuperava de qualquer enfermidade que o oprimisse".

As palavras pareciam predizer o futuro daquela pequena fonte na caverna e a graça que fluía junto com suas águas. A poça em si não era um milagre. A água sempre gotejara dentro da gruta, vinda de uma antiga fonte subterrânea. O solo daquele ponto foi limpo, e após algumas escavações a água passou a brotar abundantemente, com mais de 100 mil litros jorrando a cada dia. Parecia estranho que Maria tivesse encorajado Bernadette a redescobrir aquela fonte há tanto ignorada.

Ao longo dos dias que se seguiram, o chamado interno levou Bernadette repetidamente à gruta. Às vezes ela se lavava na fonte ou entrava reverentemente de joelhos, rezando e beijando o solo em atos dramáticos de devoção. Ela foi interrogada, ameaçada de prisão, assediada pelas multidões, mas sua única preocupação era permanecer fiel a Maria.

Três dias depois da descoberta da fonte, a primeira cura milagrosa foi relatada em Lourdes. Naquela noite, uma amiga de Bernadette, Catherine Latapie, entrou na gruta e mergulhou na água o braço que havia deslocado e que lhe causava intensa dor. Quando o retirou da fonte, podia mexer o braço e a mão outra vez.

Os curiosos, que antes já formavam uma grande multidão, dobraram de número da noite para o dia. Maria disse a Bernadette:

– Vá, diga aos padres para virem aqui em procissão e construírem uma capela.

Obediente, Bernadette procurou o padre Peyramale, responsável pela paróquia de Lourdes, para relatar o que Maria havia dito. Mas ele não estava disposto a obedecer uma figura misteriosa que surgia dentro de uma caverna e inspirava comportamentos estranhos e histórias fantasiosas. Queria saber a identidade da figura. Se fosse Maria, ela devia provar isso com um milagre, fazendo as rosas selvagens da gruta florescerem no meio do inverno.

Na manhã seguinte, Bernadette chegou cedo à caverna, acompanhada de cerca de 3 mil pessoas, mas a imagem não apareceu. A menina foi à escola e somente ao fim do dia sentiu a voz interior chamá-la novamente. Bernadette foi à gruta e lá encontrou Maria. Mais uma vez, perguntou seu nome. Ela respondeu apenas com um sorriso benevolente. Retornando ao padre Peyramale, recebeu a mesma resposta:

– Se ela realmente deseja que uma capela seja construída, deve nos dizer seu nome e fazer a roseira florescer na gruta.

Quando Bernadette retornou à caverna, constatou que a roseira continuava sem flores. Maria encontrou um modo mais singular de se dar a conhecer, como Bernadette recordou mais tarde:

– Ela ergueu os olhos para o céu, juntou as mãos como se rezasse e, depois, abrindo-as na direção do solo, disse: "Eu sou a Imaculada Conceição."

Bernadette saiu da gruta correndo e gritando:

– *Immaculada Concepciou! Immaculada Concepciou!*

O que Bernadette não sabia era que esse era um título polêmico que fora conferido à Virgem Maria apenas quatro anos antes. Significava que Maria tinha nascido sem pecado original, e após muitas discussões acadêmicas e teológicas o papa Pio IX havia declarado tal fato como dogma, ou seja, uma verdade fundamental da fé católica. Ao escutar essas palavras, o padre cético acreditou que Bernadette tinha visto Maria.

Em 16 de julho, dia de Nossa Senhora do Carmo, Maria fez sua última aparição. Ao ter seu caminho até a gruta interrompido por barricadas armadas pelas autoridades locais, Bernadette foi ao outro lado do rio Gave e lá se ajoelhou, contemplando a gruta na outra margem.

– Senti que estava em frente à caverna, à mesma distância que das outras vezes – ela disse mais tarde. – Vi apenas a Virgem Santa, e ela estava mais linda do que nunca!

A gruta rapidamente se tornou um lugar de peregrinação. Enquanto as autoridades civis discordavam quanto à melhor maneira de controlar a multidão, a Igreja Católica iniciou uma investigação detalhada que iria durar quase quatro anos. Em 1862, o monsenhor Laurence, bispo de Tarbes e Lourdes, anunciou que um milagre tinha realmente ocorrido em Lourdes. Uma grande basílica gótica foi construída em resposta ao pedido de Nossa Senhora.

Bernadette despertou grande estima por sua fidelidade a Maria.

– Quem, ao conhecer esta criança, poderia não a admirar, sua simplicidade, sua franqueza, sua modéstia? – observou o bispo de Tarbes e Lourdes.

Ela só falava quando lhe era dirigida a palavra, se expressava sem exageros e com uma ingenuidade tocante. Para as muitas perguntas que lhe eram feitas, dava sempre respostas claras e precisas, sem hesitação e marcadas por grande convicção.

Bernadette foi colocada sob os cuidados das Irmãs da Caridade de Nevers, que a ensinaram a ler e escrever. Depois de suas experiências com Maria, ela se sentiu chamada à vida simples de oração das freiras. Aos 22 anos de idade, juntou-se às Irmãs de Nevers porque, ao contrário de outras casas religiosas, "elas nunca tentaram me atrair", declarou mais tarde.

Tomando o nome de irmã Marie Bernard, ela viveu com a ordem até sua saúde frágil tomar-lhe a vida aos 35 anos. Uma das irmãs certa vez lhe perguntou se ela sofria de orgulho por ter sido escolhida como mensageira de Maria.

– Como eu poderia? – ela respondeu. – A Santa Virgem me escolheu apenas porque eu era a mais ignorante.

Em seu leito de morte, as últimas palavras de Bernadette foram uma oração a Maria. Mais tarde, a Igreja a reconheceu como santa.

Hoje em dia, Lourdes é um dos maiores e mais famosos locais de peregrinação do mundo. Pessoas vêm de toda parte em busca de curas e milagres, e todos são bem recebidos e cuidados. Muitos se banham nas águas de Lourdes, como fazia Bernadette na pequena poça da gruta. Às vezes são relatadas curas físicas inexplicáveis, mas na maioria das vezes o que se obtém é uma sensação profunda de paz. Parece que Maria ainda está presente em Lourdes.

Ó estrela brilhante de santidade, como naquele dia maravilhoso sobre uma rocha bruta em Lourdes vós falastes à criança Bernadette, e uma fonte brotou da terra, e milagres aconteceram, e o grande santuário de Lourdes surgiu, eu também agora rogo que vós escuteis nossa prece ardorosa.

- Oração da Novena para Nossa Senhora de Lourdes

Minha reaproximação

Há quinze anos, eu era católica só de nome. Acreditava em Deus, mas para mim ele era um Deus distante. Não sei exatamente como cheguei a essa situação. Eu ia à missa, mas só pelo hábito: era o que se fazia aos domingos com os filhos. Eu tinha três filhos naquela época, mas não era uma pessoa satisfeita, estava simplesmente indo com a correnteza.

Durante uma conversa com uma amiga a respeito da minha vida vazia, ela disse que, quando as coisas não estavam indo bem, gostava de rezar. Minha resposta foi: bem, Deus sabe de tudo e vai me ajudar se quiser. Eu não achava que era tarefa minha dizer a ele o que eu queria. Fui para casa e não fiz nada. Alguns dias depois, tive um sonho no qual vi uma pessoa que agora reconheço como sendo Nossa Senhora, com quatro anjos querubins: dois acima dela (um de cada lado de sua cabeça) e dois mais abaixo, um ao lado de cada joelho. Nossa Senhora tinha as mãos unidas em oração, indicando que eu devia rezar. Parecia que ela, sem palavras, estava me dizendo:

– Reze, reze, reze!

Quando acordei, pensei imediatamente no sonho e senti vontade de rezar o rosário, embora não fizesse isso havia mais de vinte anos. Eu nem tinha mais um rosário! Minha amiga me disse para ir à igreja, onde eu teria companhia para rezar, então fui. Cheguei logo após a missa e encontrei várias pessoas rezando um rosário. Não consegui me juntar a elas, então sentei no fundo da igreja, sentindo-me uma estranha em minha própria paróquia. Respondi às ave-marias recitando as partes que conseguia lembrar.

Quando as orações terminaram, eu estava examinando o quadro de avisos em busca de um lugar para comprar um rosário quando meus olhos caíram em um folheto que divulgava um oratório que estava para acontecer na paróquia. Eu não sabia o que era aquilo, mas senti que precisava participar. O dia anunciado chegou, e eu compareci à igreja. Estava lotada, e havia pessoas lá em cima, no coro, homens e mulheres vestidos de preto e branco.

Percebi que eu também estava usando saia preta e blusa branca. Estava vestida exatamente como eles. Que vergonha!

As canções eram lindas, e eu aproveitei cada minuto. Ao fim da apresentação, o regente anunciou que eles estavam sempre procurando pessoas para fazer parte do coro. Quis ir falar com ele, mas não tive coragem. Estava parada sozinha, pensando no convite do maestro, quando senti alguém bater no meu ombro. Voltei-me e vi uma senhora de preto e branco. Ela perguntou se eu gostaria de participar do coro e, sem hesitar, respondi que sim!

Na semana seguinte, fui a um ensaio e me senti completamente à vontade. Eles eram um grupo de católicos carismáticos e rezavam antes de cada ensaio. Estavam se preparando para apresentar um oratório em uma conferência em Walsingham. Senti que precisava ir com eles e fui. Ao final da conferência, eu tinha conhecido e me apaixonado pelo Nosso Senhor e Salvador Jesus Cristo, na réplica da casa onde ele e Nossa Senhora tinham vivido.

Dez anos após minha primeira visita a Walsingham, pediram-me que ajudasse a cuidar dos doentes em uma peregrinação a Lourdes, e eu aceitei. Lourdes é um lugar fabuloso! Tive a oportunidade de levar uma pessoa enferma às piscinas onde os doentes se banham em busca de cura. Perguntaram se eu queria entrar também na água, e eu aceitei. Disseram-me que rezasse pedindo qualquer coisa que quisesse, e eu rezei por todas as pessoas doentes que tinha visto em Lourdes. Quando estava entrando na água, meus olhos foram atraídos pela estátua de Nossa Senhora na extremidade da piscina. Corri para ela e a abracei, chorando.

Não conseguia soltar a imagem. Sentia-me aquecida e confortável enquanto a tocava. Não queria ser separada dela e não conseguia parar de chorar. Por fim, fui levada para o vestiário, ainda chorando e muito confusa com o que tinha acontecido.

Uma senhora se aproximou e sugeriu que eu fosse rezar na gruta. Sentei-me lá dentro e senti como se Nossa Senhora estivesse me dizendo que não há nada de mal em ter uma estátua, que ela não está na estátua em si, mas que não há problema em rezar para a imagem. Eu sempre tinha sido contra imagens religiosas e vivia falando disso, mas, ao sentir que Nossa Senhora estava me dando uma explicação pessoal, tive que rir. Agora adoro estátuas de Nossa Senhora. Minha favorita é Nossa Senhora das Graças.

Certo dia, estava pensando sobre as minhas experiências em Walsingham e Lourdes e de repente liguei as duas coisas. Tinha sido Nossa Senhora, em ambas as ocasiões. Ela me levou primeiro a Walsingham e depois a Lourdes. Fico feliz que ela tenha escolhido esse caminho para mim. Eu a amo muito e ela é minha mãe para sempre.

- Joana, *Inglaterra*

Maria de Fátima

Portugal

A Primeira Guerra Mundial devastava a Europa, e o pequeno vilarejo de Fátima não ficou imune. Portugal estava um caos. Muitos portugueses tinham ido lutar na França e na África, e governos instáveis eram formados e logo caíam, na esteira da revolução de 1910.

Segundo as lendas, Fátima recebera seu nome de uma princesa moura, que por sua vez fora batizada em homenagem à filha do Profeta Maomé. No século 12, durante a ocupação islâmica do território português, a princesa foi capturada pelos cristãos e convertida ao catolicismo.

Lúcia dos Santos, de 10 anos de idade, e seus primos Francisco Marto, de 9, e Jacinta Marto, de 7, viviam com sua extensa família em uma pequena aldeia a menos de uma milha de Fátima. Como muitas crianças da época, eram analfabetos. Lúcia trabalhava como pastora desde os 7 anos de idade nos campos castigados pelo sol em volta da cidade. Carvalhos mirrados e bosques de oliveiras retorcidas se espalhavam por campos separados por muros grosseiros de pedra.

Lúcia era uma menina forte e devota, abençoada com uma excelente memória. Quando tinha 7 anos, teve sua primeira experiência estranha nos campos. Enquanto rezava o rosário com um grupo de crianças pastoras, uma forma humana branca pareceu se mover sobre o vale na direção delas, depois desapareceu quando a oração terminou. Algo semelhante ocorreu em duas outras ocasiões, mas o relato foi considerado tolice de meninas e logo esquecido.

Algum tempo depois, Francisco e Jacinta, após muito suplicarem, finalmente receberam permissão para acompanhar Lúcia no pastoreio.

A natureza pensativa e tranquila de Francisco formava um contraste agudo com a personalidade borbulhante e sensível de sua irmãzinha Jacinta. De voz calma e baixa, Francisco sempre tentava solucionar questões, enquanto a pequena Jacinta as evitava. Eles só eram parecidos na aparência.

As três crianças passavam os dias cantando, jogando cartas e caçando borboletas. Francisco tocava flauta para as meninas dançarem. Quando paravam para almoçar, rezavam uma versão curta do rosário, recitando apenas as palavras *ave-maria* e *pai-nosso* em vez das orações completas.

Em uma manhã de verão, eles estavam brincando nos campos perto de Cabeço. Uma pancada de chuva súbita separou-os do rebanho e os levou ao abrigo de uma caverna próxima circundada por um bosque de oliveiras. Eles almoçaram, rezaram o rosário rápido e, quando o tempo melhorou, começaram um jogo improvisado com pedregulhos. Uma forte brisa soprou, e, quando olharam para cima, os três viram uma figura resplandecente percorrendo o vale na direção deles.

Mais tarde, Lúcia recordou a aparição fantástica:

– Começamos a ver, a distância, acima das árvores que se espalhavam a leste, uma luz mais branca do que a neve na forma de um jovem muito transparente e brilhante, como um cristal exposto ao sol. Quando ele se aproximou, pudemos ver seu rosto. Estávamos perplexos e absortos e não trocamos uma palavra entre nós.

– Não tenham medo – disse o belo rapaz em tom tranquilizador. – Eu sou o Anjo da Paz. Rezem comigo.

Com essas palavras, ele se ajoelhou, levou a testa ao chão e lhes ensinou uma oração simples: *Ó meu Jesus, perdoai nossos pecados e salvai-nos do fogo do inferno. E levai todas as almas ao paraíso, especialmente as mais necessitadas da vossa misericórdia.*

– Rezem assim – ele ordenou às crianças, pondo-se em pé. – Os sagrados corações de Jesus e Maria serão tocados por suas preces. Eles estão prontos para escutá-las – acrescentou e então desapareceu.

Vinte anos mais tarde, Lúcia escreveu um relato de suas memórias:

– Ele nos deixou em uma atmosfera sobrenatural tão intensa que por um bom tempo não nos demos conta de nossa própria existência. A presença de Deus era tão poderosa e íntima que não conseguíamos falar nem mesmo entre nós. No dia seguinte, essa mesma atmosfera ainda nos dominava e só diminuiu e desapareceu gradualmente. Nenhum de nós pensou em falar sobre a aparição ou propôs um pacto de sigilo. O silêncio se impôs naturalmente entre nós. As palavras do anjo penetraram tão profundamente em nossa mente que nunca as esquecemos. Costumávamos passar longos períodos de joelhos repetindo-as, às vezes até cairmos de exaustão.

Posteriormente, o visitante se identificou como o Anjo de Portugal. Ele apareceu mais duas vezes às crianças, ensinando-as a rezar.

Os três continuaram seguindo suas instruções por quase oito meses. Era maio de 1917, e as crianças estavam conduzindo as ovelhas para o pasto nas terras montanhosas conhecidas como Cova da Iria. A guerra já durava três anos, e ao norte a Rússia estava a apenas três meses da Revolução Bolchevique. Para os inocentes pastores, era apenas mais um dia de trabalho.

Nas encostas verdes da Cova, as crianças tinham terminado de almoçar e começado a rezar seu rosário breve, quando foram surpreendidas por um relâmpago no céu azul claro. Temendo uma tempestade, prepararam o rebanho para voltar para casa. Enquanto se dirigiam à estrada, outro relâmpago atingiu um carvalho próximo e, alguns passos além, perto de outra árvore, eles viram a figura que iria mudar suas vidas para sempre:

– Uma senhora vestida de branco, brilhando mais forte que o sol, soltando raios de luz clara e intensa, como uma taça de cristal cheia de água pura atravessada pelo sol.

Atônitas, as crianças pararam para observá-la.

– Estávamos tão perto que fomos circundados pela luz que ela irradiava.

– Por favor, não tenham medo de mim – disse a figura em voz calorosa e cheia de amor.

Lúcia foi a primeira a responder:

– De onde você vem? – perguntou.

– Venho do paraíso.

O manto branco da mulher, barrado de ouro, caía até seus pés, e suas mãos alvas e macias seguravam um rosário cujas contas brilhavam como estrelas. As crianças estavam confusas. Por que uma mulher tão maravilhosa escolheria visitá-las?

Ela disse que pretendia visitar as crianças na mesma hora e no mesmo lugar no 13º dia de cada mês pelos seis meses seguintes. Prometeu revelar sua identidade e conceder-lhes os maiores desejos de seus corações.

Lúcia encheu-se de entusiasmo e começou a disparar perguntas para a mulher:

– Eu vou para o céu? E Jacinta? E Francisco?

A senhora garantiu que as meninas iriam para o céu.

– Francisco também, minha querida – acrescentou –, mas antes ele terá que recitar muitos rosários!

Lembrando-se de amigas que já tinham falecido, Lúcia perguntou se elas estavam no paraíso. A mulher respondeu pacientemente a todas as perguntas, depois apresentou um desafio às crianças:

– Aceitam se oferecer a Deus e suportar todos os sofrimentos que Ele lhes enviar? Em penitência por todos os pecados que O ofendem? E pela conversão dos pecadores?

As crianças disseram que sim.

A mulher lhes advertiu que muitas provações estavam por vir, mas prometeu que a graça de Deus as fortaleceria. Então abriu os braços, e uma luz extraordinária se espalhou, engolfando as três crianças. De algum modo, elas compreenderam que aquela luz vinha de Deus e caíram de joelhos em completo êxtase.

A senhora falou sobre a guerra na Europa, mas as crianças conheciam pouco do mundo para além de suas oliveiras e pastagens.

– Rezem o rosário todos os dias para trazer paz ao mundo e o fim da guerra – a senhora instruiu e, depois, moveu-se lentamente para o leste até desaparecer.

A luz que dela emanava partiu os céus como um véu, como se o paraíso se abrisse para recebê-la.

Lúcia fez as duas crianças menores prometerem manter o incidente em segredo. Mas a pequena Jacinta não conseguiu conter o entusiasmo e relatou a história para toda a família. A mãe de Jacinta escutou-a com calma indiferença, mas o pai, Ti, acreditou na história da filha. Ele sabia que seus filhos eram honestos e tinha muita fé em milagres.

A mãe de Lúcia, Maria Rosa, não se deixou impressionar. Para ela, a história era, na melhor das hipóteses, uma fantasia e, na pior, blasfêmia. Ela ordenou que Lúcia admitisse ter inventado tudo, mas a menina se recusou. Seu pai não deu muita bola para o que considerou "bobagens de mulher", então Maria Rosa levou a filha malcriada até o responsável pela paróquia, o padre Ferreira. Teimosamente, Lúcia se recusou a desmentir a história.

O dia de Santo Antônio de Lisboa, 13 de junho, estava se aproximando, e Maria Rosa esperava que um dia de festa e diversão no povoado conseguisse distrair a filha daquelas histórias fantasiosas. Mas estava enganada.

Em 13 de junho, as três crianças retornaram obedientemente para o encontro do meio-dia com Maria. Um pequeno grupo de pessoas também se reuniu, curiosas para ver o que iria acontecer.

Com outro relâmpago, Maria apareceu. Mas somente as crianças podiam vê-la, e apenas as duas meninas conseguiam escutá-la. Ela mandou que rezassem para que os necessitados fossem levados ao céu e que recitassem o rosário todos os dias. Também as incentivou a aprender a ler e escrever.

Lúcia tinha mais perguntas:

– Você vai nos levar para o céu? – perguntou.

– Sim – a senhora respondeu. – Em breve levarei Jacinta e Francisco, mas você permanecerá um pouco mais, pois Jesus deseja que você me torne conhecida e amada na terra. Ele também quer que você estabeleça a devoção ao meu Imaculado Coração em todo o mundo.

Ela se referia à tradicional crença de que o coração de Maria é uma fonte abundante de amor puro por Deus e por todas as pessoas.

Lúcia ficou preocupada com seu destino.

– Devo ficar só no mundo? – perguntou com tristeza.

– Você não estará só, minha filha, e não deve ficar triste – Maria lhe garantiu. – Estarei sempre com você, e meu Imaculado Coração será o seu consolo e o seu caminho para Deus.

Mais tarde, Lúcia iria recordar o poder da presença de Maria:

– No momento em que ela disse essas últimas palavras, abrindo as mãos, transmitiu a nós, pela segunda vez, o reflexo daquela luz intensa. Nela nos sentimos como que submersos em Deus. Jacinta e Francisco pareciam estar na parte da luz que estava subindo aos céus, e eu, na parte que se espalhava pela terra. Em frente à palma da mão direita de Nossa Senhora havia um coração cercado de espinhos que pareciam perfurá-lo. Compreendemos que era o Imaculado Coração de Maria...

Quando Maria desapareceu outra vez, a leste, as três crianças ficaram a pensar sobre o que ela havia dito. Ela falara de um futuro sombrio: a morte precoce para as crianças mais jovens e uma vida solitária para a prima mais velha.

Quanto aos espectadores, o máximo que tinham visto fora uma fagulha ou um flash, um ligeiro tremular do sol. Outros notaram uma pequena nuvem cinzenta que se movia segundo os movimentos de Maria descritos pelas crianças. Poucos saíram de lá convencidos.

Um mês depois, com uma explosão de luz, Maria apareceu como das outras vezes. Mas dessa vez ela passou às crianças uma mensagem que se tornaria conhecida como os Três Segredos de Fátima e que só foi registrada em 1941, quando Lúcia os anotou a pedido de um bispo.

O primeiro segredo foi uma breve e assustadora visão do inferno; o segundo, um alerta sobre a tomada do poder pelos comunistas na Rússia. A Santa Virgem suplicou que a Rússia fosse consagrada ao seu Imaculado Coração. Parecia estranho que um país conhecido por sua grande fé e longa história de cristianismo necessitasse esforços para sua conversão, mas na época das aparições a Rússia ainda não era um país comunista.

O terceiro e mais bem guardado segredo foi finalmente revelado pelo papa João Paulo II em 2000. Era uma visão de um anjo com uma espada flamejante e grupos de padres e religiosos desalentados, liderados pelo papa, subindo uma montanha íngreme até os pés de uma grande cruz.

– Antes de alcançá-la, o Santo Padre passou por uma grande cidade em ruínas – escreveu Lúcia. – Tremendo, com passos hesitantes, cheio de dor e tristeza... Ao chegar ao alto da montanha, ele foi morto por um grupo de soldados que dispararam balas e flechas contra seu corpo.

Posteriormente, essa imagem foi interpretada como a tentativa de assassinato do papa em 1981.

Lúcia implorou que a senhora revelasse sua identidade. Ela prometeu lhe contar isso em outubro, quando também realizaria um grande milagre para convencer os céticos.

A essa altura, todos queriam conhecer os segredos. Familiares, amigos, vizinhos, membros da Igreja e autoridades tentaram de tudo, de subornos a truques para fazer as crianças falarem. Multidões de curiosos cercavam o pequeno chalé da família Abóbora, tentando tocar nos três pequenos.

– Nas mãos daquelas pessoas, éramos como brinquedos nas mãos de uma criança – Lúcia escreveu. – Cada um nos puxava em uma direção diferente e fazia sua própria pergunta, sem nos dar tempo de responder a ninguém.

O prefeito de Fátima estava determinado a provar que as crianças estavam mentindo. Ele convocou as três a sua casa para interrogá-las, depois as levou à prefeitura e por fim as jogou na cadeia. Ninguém conseguiu fazê-las falar. Elas não conseguiram ir ao encontro seguinte com Maria.

Na Cova da Iria, a multidão confusa começou a rezar o rosário ao meio-dia. Um murmúrio débil e o ressoar de um trovão precederam a explosão de luz habitual. Uma frágil nuvem branca passou flutuando muito baixo, depois subiu e se dissolveu no céu. Reflexos brilhantes em vermelho, amarelo, azul e laranja pareciam emanar de uma fonte invisível. Maria dava sinais de sua presença, embora as crianças não estivessem lá.

O prefeito ameaçou e intimidou as crianças de todas as maneiras. Apavoradas, elas choravam, mas não revelavam os segredos. Finalmente, ele as liberou no dia 15 de agosto, dia da Festa da Assunção.

Aliviadas e de volta aos braços dos pais, as crianças agora tinham apenas um temor: ao perderem a data do encontro, teriam desagradado a Maria? Iriam vê-la outra vez?

A resposta veio de maneira inesperada. Uma devota local, Maria Carriera, montara uma mesa decorada com flores e um arco enfeitado com cruzes e lamparinas no local da aparição. Os peregrinos começaram a deixar doações sobre a mesa e, sem saber o que fazer com o dinheiro, a mulher foi se aconselhar com Lúcia.

– Deus me defenda! – Lúcia exclamou. – Tampouco eu quero esse dinheiro!

Mas ela disse que iria perguntar à Virgem o que fazer com ele quando – e se – ela aparecesse novamente.

Naquela mesma manhã, Lúcia, Francisco e o irmão deste, João, saíram para o campo. Caminharam, brincaram, rezaram e, pelas 16 horas, viram que estavam perto da Cova da Iria.

De repente, a atmosfera se alterou. Uma súbita sensação de profunda expectativa se instalou nos três. Nossa Senhora estava por surgir. João correu para buscar Jacinta, que chegou a tempo de ver as oliveiras assumirem um tom prateado distinto. E lá, na luz tremulante, a senhora apareceu.

– O que você quer de mim? – perguntou Lúcia.

– Vá novamente à Cova da Iria no 13º dia do mês que vem, minha filha – Maria respondeu gentilmente –, e continue a rezar o rosário todos os dias. No último mês, vou realizar um milagre para que todos possam acreditar.

– O que devemos fazer com as oferendas de dinheiro que as pessoas deixam na Cova da Iria? – perguntou Lúcia.

– Quero que sejam feitos dois pedestais, pois o dinheiro é para a Festa de Nossa Senhora do Rosário. Quero que você e Jacinta carreguem um deles com duas outras meninas vestidas de branco. E que Francisco, com a ajuda de três meninos, carregue o outro. O restante deverá ser usado para a capela que será construída aqui.

Lúcia então pediu que algumas pessoas doentes fossem curadas.

– Hei de curar algumas ao longo do ano – Maria prometeu e mais uma vez implorou que eles rezassem e se sacrificassem pelos outros.

Em 13 de setembro, Lúcia, Francisco e Jacinta se dirigiram novamente à Cova da Iria, mas dessa vez cerca de 30 mil peregrinos inundavam as estradas e os campos.

– Todos queriam nos ver e falar conosco – escreveu Lúcia. – Muitos deles, até nobres e cavalheiros, rompiam a barreira da imprensa e vinham se ajoelhar diante de nós, suplicando que apresentássemos seus pedidos a Nossa Senhora.

Ao bater do meio-dia, um globo luminoso apareceu no céu, deslizando de leste para oeste. Um silêncio reverente se abateu sobre a multidão, e as pessoas começaram a apontar para o céu. Maria estava banhada em uma luz branca gloriosa, "mais linda do que a luz mais brilhante do sol", conforme recordou Francisco.

– Mais linda do que qualquer outra que eu já tivesse visto.

Humildemente, Lúcia fez a pergunta de sempre:

– O que quer de mim?

A Santa Mãe repetiu seu desejo de ouvir as crianças recitarem o rosário.

– Rezem-no todos os dias para que a guerra tenha fim – implorou.

Maria explicou às crianças a importância da oração e da penitência. Lúcia perguntou a ela sobre alguns dos muitos pedidos que tinha recebido. Maria prometeu gentilmente satisfazer alguns deles, depois repetiu:

– Em outubro realizarei um milagre para que todos possam acreditar.

Na noite anterior à última aparição, houve uma tempestade muito forte. Peregrinos de todas as idades e origens avançavam na escuridão em meio a lama, chuva e ventos gelados, a pé, no lombo de animais, em carroças e carros até a Cova da Iria. O jornalista Avelino de Almeida descreveu a cena:

– Quase todos, homens e mulheres, têm os pés descalços, e as mulheres carregam os sapatos em sacolas sobre a cabeça. Os homens se apoiam em cajados, firmemente agarrados aos seus guarda-chuvas. Poderia-se dizer que eles vão indiferentes ao que se passa ao seu redor, sem mostrar qualquer interesse na jornada ou nos outros viajantes, como se estivessem perdidos em sonhos, recitando o rosário em um ramerrão ritmado e triste. Uma mulher recita a primeira parte da ave-maria; um coro de suas companheiras completa a segunda parte da oração. Com passos seguros e ritmados, eles percorrem a estrada poeirenta que corre entre a mata de pinheiros e os bosques de oliveiras para chegarem antes do cair da noite ao local da aparição, onde, sob a luz serena e fria das estrelas, esperam conseguir dormir.

Na manhã seguinte, enquanto a chuva continuava caindo, as crianças abriram caminho entre a multidão de peregrinos abrigados sob guarda-chuvas pretos. O meio-dia veio e passou. Lúcia pediu que os guarda-chuvas fossem fechados. Todos obedeceram, mas ainda assim nada aconteceu. A multidão começou a murmurar decepcionada. Então rosto de Lúcia se iluminou.

– Jacinta, ajoelhe-se, pois agora vejo a Nossa Senhora! – exclamou. – Estou vendo a luz!

As crianças caíram de joelhos na lama. Lúcia fez sua pergunta pela última vez:

– O que quer de mim?

– Quero uma capela construída aqui em minha homenagem – respondeu Maria. – Quero que vocês continuem a rezar o rosário todos os dias. A guerra vai terminar em breve, e os soldados retornarão para casa.

– Tenho muitas coisas para lhe pedir – gritou Lúcia, tentando desesperadamente se lembrar de todos os pedidos de orações que as pessoas lhe haviam feito.

– Alguns irei atender, outros devo negar – disse Maria delicadamente. – As pessoas devem examinar suas vidas e pedir perdão por seus pecados. Não devem mais ofender Nosso Senhor, pois ele já se vê ofendido demais!

Então seus braços se abriram em um gesto amplo, irradiando uma luz branca mais brilhante que a do sol. A multidão não a enxergava, mas viu as nuvens se abrirem como grandes cortinas para revelar o sol no céu azul.

– Olhem para o sol! – exclamou Lúcia.

Pelo resto de sua vida, ela jamais se recordou de ter dito essas palavras. Estava em êxtase. Três cenas se desenrolaram diante de seus olhos: Maria apareceu ao lado de José, que trazia o menino Jesus nos braços.

– São José vai nos abençoar! – disse Lúcia quando ele ergueu a mão.

José e o menino Jesus abençoaram os peregrinos três vezes.

Na segunda cena, vista apenas por Lúcia, Maria estava em agonia de luto, observando Jesus dar seus últimos passos a caminho da crucificação. Somente a parte superior de seu corpo estava visível, e ele olhava para os peregrinos reunidos e os abençoava.

Na terceira visão, Maria apareceu coroada como a Rainha dos Céus, com o filho bebê no colo.

Enquanto as crianças absorviam essas visões, a multidão era distraída por outras cenas extraordinárias. O sol começou a brilhar mais forte do que nunca e, incrivelmente, todos podiam fitá-lo sem problemas. Então, como se tomado de alegria, o sol começou a dançar. Girava como um cata-vento gigante, parando e começando outra vez, e depois emitia enormes chamas carmim que refletiam todas as cores do arco-íris. Tudo em volta foi banhado de tons de verde, azul, violeta, laranja. Então, de repente, o sol estremeceu e pareceu se precipitar em zigue-zague na direção da multidão perplexa.

As pessoas gritaram e caíram de joelhos, rezando. Parecia que o fim do mundo era iminente. Após dez minutos, o sol recuou, ziguezagueando de volta ao seu lugar no céu, o familiar sol do meio-dia.

Recobrando os sentidos, as pessoas começaram a gritar:

– Milagre! Milagre! Louvado seja Deus! Louvada seja Nossa Senhora!

Rindo, chorando, com lágrimas escorrendo pelo rosto, elas rezavam e cantavam de alegria. O milagre do sol foi testemunhado a muitos quilômetros de distância. Alguns afirmavam ter visto o que as crianças viram, enquanto outros disseram que viram o rosto de Maria sorrindo no céu. O que quer que tivessem visto, todos saíram da Cova da Iria naquele dia sabendo que haviam presenciado um fenômeno divino.

Por fim convencidos das aparições, os pais das crianças concordaram em mandar as meninas à escola para que aprendessem a ler e escrever conforme Maria solicitara. Francisco, certo de que iria morrer jovem, passou o resto de seus dias em oração, vagando pelos campos e retornando aos lugares onde tinha visto Maria. Quando não estava rezando, realizava atos de bondade para vizinhos menos afortunados, reunindo as ovelhas de uma senhora idosa que morava na região ou orando por quem quer que lhe pedisse.

Em outubro de 1918, quando a Primeira Guerra Mundial já chegava ao fim, houve uma epidemia de gripe, e a família inteira de Francisco caiu doente. Ele morreu em abril de 1919, de pneumonia brônquica. Logo depois, Jacinta também ficou doente e foi levada ao hospital. Após uma operação, ela só fez piorar, mas foi consolada por visões de Maria ao seu lado. Morreu em 1920.

Em poucos meses, Lúcia havia perdido as duas únicas pessoas que compreendiam o que ela tinha vivenciado e compartilhavam seus segredos. Com apenas 14 anos, entrou para o convento das Irmãs de Santa Doroteia, em Vilar. Dos 18 aos 22 anos, a Santa Virgem apareceu para Lúcia mais três vezes para encorajá-la a rezar. Falou de como queria que a Rússia fosse consagrada a ela, repetindo um dos segredos que contara às crianças em julho de 1917. Lúcia seguiu o conselho de Maria e se juntou às irmãs Carmelitas, uma ordem enclausurada dedicada à oração e à contemplação. Morreu em 2005, aos 97 anos. No ano seguinte, seus restos mortais foram levados para o Santuário de Fátima para repousar junto aos de seus dois primos.

A Capela das Aparições na Cova da Iria hoje tem um pilar simples de mármore com uma estátua da Nossa Senhora de Fátima no lugar exato onde ela aparecia. O carvalho onde as crianças esperavam por Maria ainda está de pé. Um fragmento do Muro de Berlim também foi levado para lá, exibido como um monumento à queda do comunismo soviético profetizada por Maria.

Nossa Senhora de Fátima, curai os enfermos que a vós recorrem.

Nossa Senhora de Fátima, consolai os atormentados que em vós confiam.
Nossa Senhora de Fátima, trazei paz ao mundo.

- Parte da oração a Nossa Senhora de Fátima, cardeal Patriarca, Lisboa, 31 de novembro de 1938

Lembranças de um sol dançante

Eu tinha apenas 9 anos de idade na época e estudava na pequena escola do vilarejo. Por volta do meio-dia, fomos surpreendidos pelos gritos de homens e mulheres que passavam pela rua em frente à escola. A professora, uma mulher muito boa e piedosa, ainda que nervosa e impressionável, foi a primeira a correr para a rua, seguida pelas crianças.

Lá fora as pessoas gritavam, choravam e apontavam para o sol, ignorando as perguntas ansiosas da professora. Era o grande milagre, que todos podiam ver muito distintamente do alto do morro onde a cidadezinha estava situada – o milagre do sol, acompanhado de todos aqueles fenômenos extraordinários.

Não sou capaz de descrever o que vi e senti. Sei que olhei fixamente para o sol, cujos raios pareciam fracos e não feriam os olhos. Como uma bola de neve rolando sobre si mesma, de repente ele pareceu descer em zigue-zague, ameaçando a Terra. Apavorado, corri para me esconder no meio das pessoas, que choravam esperando o fim do mundo a qualquer momento.

Perto de nós estava um incréu que havia passado a manhã toda fazendo troça dos ignorantes que tinham ido a Fátima apenas para ver uma menina comum. Ele agora parecia paralisado, com os olhos fixos no sol. Depois, começou a tremer da cabeça aos pés e, erguendo os braços, caiu de joelhos na lama, chamando por Nossa Senhora.

Todos nós corremos para as duas capelas do vilarejo, que logo ficaram lotadas. Durante aqueles longos momentos do prodígio solar, os objetos à nossa volta tomaram todas as cores do arco-íris. Nós mesmos nos víamos azuis, amarelos, vermelhos, etc. Esses estranhos fenômenos intensificaram o medo das pessoas. Após cerca de dez minutos, o sol, agora pálido e opaco, retornou ao seu lugar. Quando o povo percebeu que o perigo havia passado, houve uma explosão de alegria, e todos se uniram em ação de graças e louvor a Nossa Senhora.

- Padre Ignacio Lorenço, que testemunhou o milagre em Alburitel, a 16 km de distância de Fátima

Um presente da Rainha do Carmelo

No século 13, o Monte Carmelo era um centro de oração e contemplação. Pessoas se refugiavam em suas cavernas majestosas havia séculos. Algumas formaram comunidades e passaram a ser conhecidas como carmelitas, um grupo dedicado a Maria. Com as Cruzadas vieram as violentas invasões sarracenas e, em 1235, os carmelitas fugiram. Alguns cruzados, buscando um modo de vida mais pacífico, uniram-se a eles. À medida que se espalhavam pelo mundo todo em sua busca interior por Deus, tiveram contato com países e povos muito distantes do seu deserto.

Simon Stock nasceu em um castelo em Hartford, na Inglaterra. Filho de uma grande família inglesa, saiu de casa aos 12 anos para viver no tronco oco de um carvalho. Subsistia com água, ervas, raízes e maçãs silvestres, em uma vida de solidão e oração, e voltava-se para Maria em busca de consolo.

Simon deixou a floresta e entrou para a ordem carmelita, que com sua ajuda espalhou-se por Cambridge, Oxford, Paris e Bolonha. Mas em 1251 Simon já tinha quase 70 anos, e a vida na comunidade era extremamente cansativa. Ele se retirou para o claustro para rezar. Maria apareceu, oferecendo-lhe um pedaço de tecido circular nos braços estendidos.

– Este será o privilégio para ti e para todos os carmelitas – disse –, e quem morrer usando este hábito será salvo.

Obedientemente, Simon distribuiu cópias do tecido, que se tornou conhecido como escapulário, a seus irmãos carmelitas. Assim teve início uma grande devoção que se espalhou pelo mundo todo. Reis e plebeus viveram e morreram usando o escapulário oculto sob as roupas. Geralmente, ele tem a forma de um pedaço de lã pura usada sobre os ombros, com pequenas imagens da Virgem bordadas. É uma garantia da proteção de Maria e um símbolo da promessa de viver uma vida de fé e amor. Maria apareceu com o escapulário em Fátima, o que motivou muitas pessoas a usá-lo outra vez.

Uma guirlanda de rosas

Uma antiga lenda fala sobre um monge que rezava. A cada ave-maria recitada, um delicado botão de rosa se formava em seus lábios e era então colhido por Maria. Ela uniu as flores preciosas em uma guirlanda e a pôs sobre a cabeça.

Assim se acredita que tenha surgido o rosário, uma oração que usa contas e a repetição de palavras para inspirar contemplação. A devoção ao rosário se espalhou e evoluiu junto com a Igreja pela Europa, inclusive na Rússia, Romênia e Grécia. É uma oração que traz paz e que foi citada por Nossa Senhora em suas aparições em Kibeho, Akita e Fátima. Muitos milagres foram atribuídos ao rosário, de grandes vitórias em batalhas a curas e conversões.

A palavra *rosário* significa uma coroa de flores, um buquê espiritual ofertado à Santa Mãe. Mas também é uma oração através da qual Maria oferece suas dádivas espirituais a seu povo.

Tenho a impressão de que Nossa Senhora queria dar às pessoas comuns, que talvez não soubessem como rezar, esse método simples para se aproximarem de Deus.

- Reflexão sobe o rosário feita pela irmã Lúcia,
uma das três visionárias de Fátima

Mãe da Esperança
Polônia

No dia em que Karol Josef Wojtyla nasceu, a Polônia estava em festa, pois acabara de ser reconhecida como nação independente pelo Tratado de Versalhes. Mas ainda era uma nação em conflito, mergulhada nas disputas com a União Soviética após a Primeira Guerra Mundial. Alguns meses depois, o Milagre de Vistula, atribuído a Nossa Senhora de Czestochowa, concederia outra grande vitória aos poloneses. Nesse mundo turbulento, Maria viria a desempenhar um papel extraordinário na vida do jovem Karol.

A vida era difícil para ele. Sua mãe tinha morrido quando ele estava com apenas 8 anos de idade. Amoroso e dedicado, o pai fez o melhor que pode para educá-lo, mas também morreu jovem, quando Karol tinha 20 anos. Durante a ocupação nazista, muitos de seus amigos e familiares pereceram. Quando os soviéticos ocuparam o país, Karol foi obrigado a continuar sua formação como padre em um seminário clandestino. Muito embora sua amada Igreja fosse perseguida, Maria sempre parecia intervir para garantir a segurança do jovem, e ele retribuía esses cuidados com profunda devoção, lendo muitos livros sobre ela, especialmente os dos santos carmelitas. Quando foi ordenado bispo, escolheu como brasão a letra M de Maria e como lema a frase em latim *Totus tuus*, que significa *Sou todo teu.*

Em 1978, Karol fez história ao ser eleito o primeiro papa não italiano em mais de quatrocentos e cinquenta anos. Assumindo o nome João Paulo II, imediatamente começou a desafiar as convenções. Rejeitando todas as recomendações, manteve seu brasão antigo com o simples M e também o lema *Totus tuus.*

Assumiu suas novas responsabilidades com entusiasmo e dedicação, e os povos do mundo todo amaram aquele papa sorridente e carismático. Ele fez questão de se aproximar dos fiéis, viajando pelo mundo em busca de unidade e paz e rezando diante dos muitos santuários de sua amada Maria. Tornou-se conhecido como o Papa Peregrino, pois viajou mais do que qualquer um de seus antecessores.

Em 13 de maio de 1981, o papa João Paulo II estava saudando a multidão na Basílica de São Pedro, em Roma, quando se ouviram tiros. As pombas da praça se ergueram em revoada, e os fiéis horrorizados viram que o papa fora ferido.

Enquanto a ambulância o levava ao hospital, João Paulo II murmurava suas orações. Sua pressão sanguínea caiu, seus batimentos cardíacos diminuíram e, com a perda de sangue, o papa perdeu a consciência. Seguiram-se cinco horas de cirurgia na tentativa de reparar os danos. Dois peregrinos americanos também foram feridos. Era o aniversário da aparição de Maria em Fátima.

Alguns peregrinos poloneses tinham levado uma cópia da Nossa Senhora de Czestochowa para o Vaticano e a colocado na cadeira vazia onde o papa deveria se sentar. Quando uma rajada de vento derrubou a imagem, descobriu-se no verso uma inscrição recente: *Que Nossa Senhora proteja o Santo Pai de todo mal.*

A multidão fiel permaneceu na Praça de São Pedro, rezando continuamente o rosário. Então, após a meia-noite, chegou a notícia de que a cirurgia do papa havia sido um sucesso e de que sua condição era satisfatória.

Mehmet Ali Agca, o assassino profissional que disparou sua pistola quase à queima-roupa, não acertara por questão de centímetros as artérias principais do papa, sua coluna vertebral ou grupos importantes de nervos. Uma das balas caiu no assoalho do carro papal, onde foi descoberta mais tarde. Caso ela não tivesse errado o alvo, talvez João Paulo II tivesse sangrado até a morte antes de alcançar a ambulância.

Em 17 de maio, ainda em recuperação, o papa gravou com antecedência sua mensagem habitual do meio-dia de domingo aos peregrinos, na qual expressou empatia pelas outras vítimas.

– Rezo pelo nosso irmão que atirou em mim – acrescentou –, a quem sinceramente perdoei. Unido a Cristo, padre e vítima, ofereço meu sofrimento à Igreja e ao mundo. A vós, Maria, repito: *Totus tuus ego sum*. Eu sou todo teu.

Durante sua convalescença, o papa solicitou todos os documentos sobre Fátima e as aparições de Maria disponíveis no Vaticano.

No hospital, leu a carta da irmã Lúcia, a última visionária sobrevivente de Fátima, descrevendo o terceiro segredo.

– O Santo Padre terá muitos sofrimentos – Maria tinha declarado.

Na visão profética, as crianças viram um homem em vestimentas brancas, o qual entenderam ser o papa, "afligido pela dor e pela tristeza" e sofrendo sob uma chuva de balas e flechas.

O papa resolveu satisfazer de maneira apropriada o pedido de Maria de que a Rússia fosse consagrada ao seu Imaculado Coração. A data da consagração de 1984 foi a mesma do aniversário do atentado contra sua vida e da primeira aparição de Maria em Fátima. João Paulo II pediu que uma estátua da Nossa Senhora de Fátima fosse levada a uma pequena igreja na fronteira entre a Polônia e a União Soviética e posicionada com o olhar voltado na direção da Rússia.

O papa deu a bala encontrada em seu veículo ao bispo de Fátima, que a colocou na coroa da estátua de Nossa Senhora, onde se encontra até hoje.

– Foi a mão de uma mãe que guiou o caminho da bala – ele declarou posteriormente. – Minha mãe para sempre, e especialmente em 13 de maio de 1981, quando senti vossa presença prestimosa ao meu lado.

Em 1983, João Paulo II visitou seu agressor na prisão. Sentados próximos, em cadeiras de plástico preto, os dois homens conversaram por alguns minutos. Matador profissional, Agca ainda estava confuso quanto ao que saíra errado em seu plano.

– Por que o senhor não morreu? Sei que o tinha sob a minha mira, que sempre foi excelente, e sei que a bala era poderosa e mortal... então por que o senhor não morreu? – ele perguntou ao papa.

– Uma mão disparou o tiro – João Paulo II respondeu com simplicidade. – Outra mão o guiou.

Ele não tinha dúvida de que esta fora a mão de Maria.

Na prisão, Agca leu sobre Fátima e a profecia da tentativa de assassinato e passou a acreditar que a "Deusa de Fátima" tinha protegido sua vítima e o conduzido à prisão. Agora ele temia a vingança de Maria. Pacientemente, João Paulo II explicou que Maria amava a todos, portanto ele não tinha nada com que se preocupar.

Mais tarde, o papa visitou Fátima duas vezes para agradecer por sua vida.

– No exato instante em que caí – disse –, tive o vívido pressentimento de que seria salvo.

Visitando Fátima mais uma vez no décimo aniversário do atentado, ele declarou:

– Considero esta década um presente que me foi dado de modo muito especial pela Divina Providência.

E então se ajoelhou em uma prece silenciosa diante da estátua cuja coroa continha uma das balas da arma de Agca. Lá, ele rezou para a figura maternal que o tinha guiado e protegido pela vida inteira.

Como eu poderia esquecer que o evento na praça de São Pedro aconteceu no dia e na hora do primeiro aparecimento da Mãe de Cristo aos pequenos camponeses, evento este que tem sido relembrado por mais de sessenta anos em Fátima, Portugal? Em tudo o que aconteceu naquele dia senti a extraordinária proteção maternal e o cuidado que mostraram ser mais fortes do que a bala fatal.

- Papa João Paulo II, *Memória e Identidade*, 2005

A estátua chorosa de Akita

Japão

A antiga cidade de Akita é cercada por montanhas verdejantes a leste e pelo Mar do Japão a oeste. Na cidade próxima de Yuzawadai, junto às águas límpidas do lago Tazawa, o mais profundo do Japão, um grupo de mulheres vive em uma comunidade de oração e devoção conhecida como o Instituto das Servas da Eucaristia.

Agnes Katsuko Sasagawa entrou para esse convento aos 42 anos de idade. Após se converter do budismo, desenvolveu um profundo amor por Maria. Mas o novo estilo de vida era difícil para ela, especialmente por ser quase completamente surda. Ao longo dos anos, Agnes tinha se submetido a cerca de 20 cirurgias. Embora pudesse falar, só compreendia os outros graças à leitura labial.

Ela se tornara "irmã" Agnes havia pouco mais de um mês quando testemunhou o primeiro de muitos eventos misteriosos.

Irmã Agnes estava rezando na capela em uma manhã de junho, e seus olhos foram atraídos por uma luz brilhante que emanava do tabernáculo no altar, onde a eucaristia era guardada. Uma névoa fina, quase uma fumaça, parecia flutuar em torno do altar. A certa altura, ela ficou pasma ao ver "uma multidão de seres semelhantes a anjos cercando o altar em adoração à hóstia". Irmã Agnes perguntou às outras freiras se elas tinham percebido qualquer coisa diferente, mas elas disseram que não. Ela continuou a testemunhar essas estranhas manifestações em diversas ocasiões.

Um adorável visitante também começou a aparecer para irmã Agnes, uma figura com "rosto redondo e uma expressão de doçura... uma pessoa coberta por uma brancura cintilante como a da neve". Ela estava certa de que não era outro senão seu anjo da guarda, e eles conversavam e rezavam juntos regularmente.

Em uma visita, o anjo pediu que ela rezasse a oração de Fátima quando recitasse o rosário. No Japão de 1973, não se sabia muito sobre Fátima, muito menos se conhecia as preces que as três crianças pastoras portuguesas haviam aprendido em aparições cinquenta anos antes. Irmã Agnes escutou obedientemente e fez o melhor que pode para aprender as palavras que o anjo lhe ensinou: *Ó meu Jesus, perdoai nossos pecados e salvai-nos do fogo do inferno. E levai todas as almas ao paraíso, especialmente as mais necessitadas da vossa misericórdia.* Amém. As outras irmãs da comunidade logo aprenderam essa oração e a ensinaram para as pessoas que as visitavam.

Cerca de duas semanas depois de ter visto a luz vinda do tabernáculo, irmã Agnes descobriu um corte em forma de cruz na palma da sua mão esquerda. Uma semana mais tarde, a ferida começou a sangrar. Às vezes ela mal notava o corte, mas em outros momentos sofria com dores muito fortes. Um dia depois do sangramento começar, o anjo foi com ela até a capela e então desapareceu. Sem saber o que fazer, irmã Agnes se voltou para a estátua de Maria.

– Subitamente, senti que a imagem de madeira ganhou vida e estava prestes a falar comigo – recordou. – Ela estava imersa em uma luz resplandecente... e no mesmo instante uma voz de beleza indescritível ressoou em meus ouvidos surdos.

– Sua surdez será curada – prometeu a voz doce e delicada. – Seja paciente.

Maria começou a rezar com ela. Então o anjo reapareceu, e os três rezaram em uníssono. Irmã Agnes escutou as vozes celestiais e sentiu que estava no paraíso.

Na manhã seguinte, quando as irmãs se reuniram para rezar, viram sangue escorrendo da mão da estátua – de uma ferida idêntica à da mão da irmã Agnes. Nas três sextas-feiras seguintes, a estátua e a freira sangraram simultaneamente. O anjo prometeu que a mão da irmã Agnes iria parar de sangrar em 27 de julho, dia da Festa do Imaculado Coração de

Maria, e assim foi. A ferida desapareceu para sempre.

A estátua continuou a sangrar por mais dois meses.

– Parecia uma ferida de verdade – escreveu uma das irmãs. – As bordas da cruz tinham o aspecto de carne humana, e podia-se ver até a textura da pele, como impressões digitais. Eu acreditava que a ferida era real.

Quando a estátua parou de sangrar, as freiras viram uma luz brilhante surgir da imagem de madeira. A estátua começou a reluzir com gotículas de umidade semelhantes à transpiração. Um perfume doce emanava delas, e dentro de alguns instantes o anjo da guarda da irmã Agnes estava ao seu lado, explicando que Maria estava triste.

– Sequem o suor – disse o anjo.

As irmãs obedeceram. Daquele momento em diante, a luz da estátua começou a se apagar gradualmente.

Alguns dias depois, Maria falou à irmã Agnes outra vez, enfatizando a importância da obediência e da oração.

– Que cada um se esforce segundo sua capacidade e posição para oferecer a si próprio inteiramente ao Senhor – disse.

Ela falou pela última vez no aniversário do milagre do sol de Fátima, em outubro de 1973.

– Recite todos os dias as preces do rosário. Reze pelo papa, pelos bispos e pelos padres. Todos aqueles que confiarem em mim serão salvos.

A vida se tornou relativamente normal outra vez. Então, perto do fim de maio de 1974, as irmãs começaram a observar uma mudança curiosa na aparência da estátua. As roupas e os cabelos de Maria continuavam os mesmos, mas o rosto, as mãos e os pés estavam assumindo um tom mais escuro, marrom avermelhado.

A estátua era a primeira imagem cristã do escultor budista Saburo Wakasa.

– Criei toda a estátua de Maria, o globo e a cruz a partir de um único bloco de madeira, por isso ela não tem fendas ou encaixes – ele disse.

A madeira usada estava dura e seca.

Em janeiro de 1975, a estátua começou a chorar. Chorou três vezes naquele primeiro dia. O bispo local e vários participantes de um retiro também testemunharam o fenômeno. Irmã Agnes discutiu o assunto com o bispo John Ito. Ele pediu que o professor Sagisaka, um médico especializado em medicina forense e que não era cristão, examinasse os resíduos de sangue, suor e lágrimas tirados da estátua, tomando o cuidado de não explicar de onde vinham as amostras.

O especialista constatou que o sangue, o suor e as lágrimas eram humanos. O tipo sanguíneo era B, enquanto o do suor e das lágrimas era AB.

O sangue da irmã Agnes também era do grupo B. De início, desconfiou-se que se tratava de um truque ou de autossugestão, mas uma comissão de inquérito formal não encontrou indícios de fraude. Algo sobrenatural tinha ocorrido.

Em 8 de dezembro de 1979, dia da Festa da Imaculada Conceição de Maria, uma equipe de TV filmou a estátua chorando. As imagens foram transmitidas em cadeia nacional, e o escultor respondeu a muitas perguntas sobre a imagem. Ele podia falar sobre o material do qual era feita e como fora esculpida, mas não podia explicar o que estava acontecendo com sua obra.

– É um mistério.

Era tudo o que podia dizer.

Em 15 de setembro de 1981, dia da Festa de Nossa Senhora das Dores, a estátua de Maria chorou pela última vez. Duas semanas depois, o anjo da irmã Agnes apareceu com uma grande Bíblia banhada em luz e aberta em Gênesis 3:15. O anjo disse a ela que a passagem explicava as lágrimas de Maria:

– O pecado veio ao mundo por meio de uma mulher [Eva] e por meio de outra a salvação veio ao mundo [Maria].

No total, Maria havia chorado 101 vezes, e entre dez e 65 pessoas tinham testemunhado cada ocorrência. Algumas não eram cristãs, incluindo o prefeito budista.

Também houve curas milagrosas. Em 1981, uma peregrina coreana foi curada de um câncer terminal no cérebro enquanto rezava diante da estátua. Em 1982, a audição da irmã Agnes (que ela perdera novamente em 1975) retornou subitamente.

O bispo Ito sempre apoiou a irmã Agnes.

– É uma mulher de espírito forte, franca e sem problemas – escreveu. – Sempre me deu a impressão de ser uma pessoa equilibrada. Consequentemente, as mensagens que ela afirma ter recebido não me parecem ser simples resultado da imaginação ou mesmo alucinações.

Ele também observou as semelhanças entre a presença de Maria em Akita e em Fátima:

– A mensagem de Akita é a mensagem de Fátima – disse certa vez, e o Vaticano corroborou essas palavras com sua aprovação dos fenômenos.

A irmã Agnes continua a levar uma vida comum. Não mora mais na casa comunitária, mas ainda é membro da Comunidade das Servas da Eucaristia de Seitai Hoshikai. Seu tempo como mensageira do milagre já passou, e ela se contenta em viver com as lembranças do anjo e de Maria.

Um lindo jardim japonês foi construído no terreno do convento das Servas da Eucaristia, ornamentado com uma estátua de Maria e lagos tranquilos. Lá, os peregrinos ainda vão rezar e contemplar as grandes graças que Maria concedeu a Akita.

Ó Santa Mãe de Deus, nunca permitais que eu me separe do vosso divino filho. Por favor, defendei-me e protegei-me como teu filho especial.

- Da oração das Servas da Eucaristia

Maria de Dong Lu

China

Em 1900, Dong Lu era um minúsculo e pobre vilarejo no norte da China, conhecido por muitos como "a terra dos mendigos". Nada o distinguia de muitos outros povoados chineses da época, exceto o fato de servir de lar a cerca de mil cristãos. Quando o Levante dos Boxers varreu a nação, esse vilarejo tornou-se o alvo de 10 mil soldados raivosos que estavam determinados a apagar quaisquer sinais de ocidentalização, incluindo o cristianismo.

Em um dia obscuro do mês de abril, enquanto os soldados atacavam, uma linda mulher vestida de branco apareceu nos céus banhada em uma luz serena. Os soldados atiraram na sua direção, mas as balas não encontraram o alvo. Ao contrário, o brilho da aparição só se intensificou. Antes que os soldados se recuperassem do choque, um homem montado em um cavalo de fogo também surgiu. Esse guerreiro solitário, que se acredita que fosse São Miguel Arcanjo, descendeu sobre os soldados e os expulsou de Dong Lu. Dez mil homens derrotados por um único anjo em um cavalo flamejante. Mas de onde tinham vindo a divina senhora e seu defensor? Padre Wu, o sacerdote chinês local, ofereceu uma possível explicação. Tomado pelo pavor e pelo desespero, disse, ele fizera a única coisa que havia lhe ocorrido: rezara pedindo o auxílio de Maria.

Gratos, os moradores construíram uma igreja em homenagem à linda Virgem que os socorrera. O padre Wu obteve uma pintura da mãe do imperador vestida em seus trajes imperiais e pediu a um artista que retratasse Maria e o menino Jesus no mesmo estilo. A imagem final foi colocada reverentemente na igreja de Dong Lu, onde os devotos agradecidos iam rezar.

Em 1924, Nossa Senhora de Dong Lu foi oficialmente reconhecida como Nossa Senhora da China, e 6 de maio foi escolhido como seu dia especial.

Quando tomaram o poder no país, os comunistas baniram a religião. Em 1951, a igreja foi destruída, junto com a imagem da Nossa Senhora da China. Somente um modesto santuário a Nossa Senhora de Dong Lu foi mantido, em Hubei.

Em maio de 1995, católicos de toda a China viajaram até o santuário de Dong Lu para comemorar a festa de Nossa Senhora Auxílio dos Cristãos. Apesar das barreiras nas estradas e de outras tentativas de deter a peregrinação, estima-se que 30 mil peregrinos tenham se reunido no "morro da mãe abençoada".

Durante as cerimônias, os peregrinos, juntamente com quatro bispos e quase cem padres, testemunharam um milagre. O sol começou a girar da esquerda para a direita e emitir raios de luz de cores variadas. Nossa Senhora da China apareceu no céu mais uma vez, carregando o menino Jesus. Imersa em luz, Maria tinha retornado para consolar os oprimidos, exatamente como fizera quase um século antes.

O governo de Beijing rapidamente expulsou os peregrinos do santuário de Dong Lu, que foi destruído no ano seguinte. Mas o risco de prisão ou coisa pior não impede as pessoas de ainda hoje fazerem a jornada até o local, e muitos chineses residentes no exterior continuam a manter viva a memória de Nossa Senhora de Dong Lu.

Ave, Santa Maria, mãe de Nosso Senhor Jesus Cristo, mãe de todas as nações e de todos os povos. Vós sois a mãe divina especial do povo chinês. Ensinai-nos o caminho da obediência total à vontade de Deus. Ajudai-nos a viver sendo fiéis à nossa fé. Enchei nossos corações de amor ardente a Deus e ao próximo... Nossa Senhora da China, mãe de Jesus, escutai nossos pedidos e orai por nós. Amém.

- Daisy Y.Y. Lin

Maria de La Vang

Vietnã

Durante o século 18, o Vietnã estava em crise. As famílias Thinh e Nguyen lutavam pelo controle do país, e revoltas de camponeses, com confrontos violentos, explodiam em toda parte.

O governante, rei Canh Thinh, temia que os católicos estivessem ajudando seu rival e começou a perseguir os cristãos. Em 1798, ordenou que todas as igrejas e seminários católicos fossem destruídos. Os católicos viram horrorizados seus lugares sagrados serem profanados. Era o início de uma opressão que iria durar quase cem anos. O único consolo dos fiéis durante esse período difícil foi Nossa Senhora de La Vang.

Várias lendas cercam esse nome tão peculiar. La Vang pode derivar do nome das profundas florestas da região central do Vietnã, de um tipo de samambaia ou da palavra vietnamita para *lamentar*, o que muitos faziam sob aquele regime opressivo.

Nossa Senhora de La Vang apareceu pela primeira vez em 1798, quando a grande provação dos católicos vietnamitas estava apenas começando. Muitos escaparam da aldeia de Quang Tri para buscar refúgio nas altas montanhas de La Vang, perto da antiga capital, Hue, mas eles não estavam preparados para os perigos da vida em fuga. Enfrentaram temperaturas gélidas, doenças, ataques de animais e fome, reunindo-se à noite para buscar consolo na oração.

Foi em uma dessas noites terríveis que Maria apareceu. Um grupo de refugiados exaustos estava rezando sentado na grama úmida perto de uma figueira. O céu noturno de repente se iluminou com o surgimento de uma linda mulher trajando uma longa capa e trazendo um bebê nos braços. Ela usava um *ao dai*, o vestido tradicional do Vietnã, e uma coroa simples. A aparição estava cercada por um halo de luz muito brilhante, porém suave. Dois anjos escoltavam Maria, que consolou as pessoas assustadas e ofereceu conselhos. Se fervessem as folhas das plantas e árvores da região, poderiam fazer remédios para tratar suas doenças, disse ela. Prometeu estar ao lado deles durante todas as dificuldades e responder às preces de todos os que se reunissem naquele local para pedir sua assistência.

A visão desapareceu, enchendo a todos de esperança e alegria. Eles construíram uma capela humilde com folhas e palha de arroz, e, à medida que a notícia da aparição se espalhava, pessoas começavam a vir de muito longe em uma arriscada peregrinação à minúscula capela isolada na selva. O que começou como um simples ato de gratidão e devoção logo se transformou em uma procissão anual.

Muitos católicos vietnamitas foram martirizados. Trinta pessoas foram detidas ao saírem de seus esconderijos na floresta e queimadas vivas. A seu pedido, morreram no local da capela. A construção em si parecia estar sob uma estranha proteção. Os soldados do governo responsáveis pela perseguição tinham ouvido falar dos feitos milagrosos de La Vang e nunca tentaram atacar a capela, talvez por medo do que pudesse lhes acontecer. Quando houve um incêndio na floresta, o altar e os candelabros de madeira da capela resistiram misteriosamente.

Em 1802, o povo retornou da selva de La Vang para seus povoados com muitas histórias de gratidão pelos cuidados amorosos de Maria. Viveram em paz por vinte anos, visitando e mantendo a capela na floresta. Mas logo uma nova onda de hostilidade anticatólica levou à morte brutal de 100 mil homens, mulheres e crianças vietnamitas.

Em 1886, a perseguição terminou. O bispo ordenou que uma nova igreja de tijolos fosse construída em homenagem a Nossa Senhora de La Vang, que tinha consolado tantas pessoas. A escassez de fundos e o local isolado dificultaram a tarefa, e a obra levou quinze anos para ser concluída. Quando finalmente ficou pronta, em 1901, mais de 12 mil pessoas se reuniram para dois dias de festa. Oito anos mais tarde, uma igreja maior foi construída, e La Vang foi declarada o centro da devoção a Maria no Vietnã, permanecendo um importante local de culto até ser destruído durante a Guerra do Vietnã.

Todos sabiam que o santuário de La Vang era especial. Segundo uma história, o imperador do Vietnã foi curado de uma doença fatal depois de enviar um de seus ministros para rezar no local.

Em 1975, cinco anos depois da reunificação do país, todos os bispos do Vietnã se reuniram em Hanói, reconhecendo solenemente La Vang como o santuário nacional a Maria. Juntos eles cantaram o *Salve Regina* de joelhos, em uma demonstração tocante de solidariedade e fé.

A devoção a Nossa Senhora de La Vang se espalhou pelo mundo todo. Em Louisville, no estado americano do Kentucky, existe um santuário em sua honra, com estátuas, passarelas e bancos para os peregrinos. No Vietnã, obras de caridade ainda são feitas em seu nome. Nossa Senhora de La Vang foi ao encontro de seus devotos pela primeira vez quando eles não tinham nada, nem mesmo uma capela, e agora continua a cuidar deles no mundo inteiro.

Abençoada Senhora de La Vang, sê minha mãe e confortai-me, especialmente em momentos de provação e infelicidade. Entrai no meu coração e estai comigo aonde quer que eu vá. Concedei que um dia, pelo teu poder, eu possa encontrar refúgio e paz na casa de meu pai.

- Ann Ball, prece a Nossa Senhora de La Vang

A proteção de Nossa Senhora

La Vang é onde muitos vietnamitas vão rezar quase todos os dias, especialmente os moradores da região central do país. Nossos ancestrais da aldeia de Tri Buu foram martirizados por serem católicos. Alguns escaparam e se esconderam nas florestas da montanha para evitar os exércitos do rei. O santuário de La Vang fica 10 km a oeste do povoado. Naquela época, eles estavam famintos, doentes, sozinhos e apavorados, e Maria apareceu para cuidar deles e encorajá-los. Ela instruiu as pessoas a colherem as folhas das plantas que os habitantes chamavam de la vang e explicou-lhes como comê-las para que os doentes fossem curados.

Quem visita o santuário de Nossa Senhora na cidade de Quang Tri ainda pode ver muitas dessas folhas de la vang à venda em torno do local.

Eu e meus irmãos e irmãs nascemos perto do santuário de Nossa Senhora de La Vang. Crescemos e vivemos lá por vinte anos. Fomos embora em 1975, mas continuamos rezando para Nossa Senhora.

Quando eu era pequeno, costumava ir com meus pais visitar Nossa Senhora de La Vang. Fazíamos a peregrinação a pé todos os meses, acompanhados de muita gente. Cruzávamos os morros, cercados de arbustos verdejantes por todos os lados. A vegetação era tão densa que era como se entrássemos em um túnel verde. Erguendo os olhos, víamos a luz do sol filtrada pelas folhas, mas nunca o sol. No século 19, La Vang era uma região montanhosa selvagem, com muitos macacos, tigres, pássaros, elefantes, cobras...

Era um lugar perigoso, e somente os muito pobres iam lá para cortar lenha para vender. Por isso aqueles primeiros cristãos se esconderam na floresta, para sobreviver. Quando eu era apenas uma criança, no fim da década de 1950, início da de 1960, a impressão que tinha do lugar era mais ou menos a mesma.

Ainda me lembro do que vi quando criança em torno da base de pedra da estátua de Maria – centenas de tabletes de pedra com palavras entalhadas: "Louvada seja Maria de La Vang". Tinham sido deixados pelas muitas pessoas que iam lá rezar e recebiam as graças de Deus através da Virgem.

A relação entre Nossa Senhora de La Vang e minha família sempre foi muito próxima. Nós rezávamos todos os dias, duas vezes aos domingos. A família toda recitava o rosário junta. É claro que mamãe e papai sempre iniciavam a oração, para motivar os filhos a rezar.

Nossa Senhora de La Vang sempre atendeu nossas preces, especialmente os pedidos de meus pais para que escapássemos do Vietnã. Saímos em 1982. Antes da viagem, a família toda foi visitar Nossa Senhora. Rezamos e colocamos a vida nas mãos de Maria. Saímos de casa de manhã cedo e fugimos ao cair da noite, 130 pessoas empilhadas em um barco minúsculo, de apenas 15 por 5 metros.

Íamos sentados uns em cima dos outros, uma cena horrível. Partimos do pequeno rio perto de Vung Tau, na direção do sul do Mar da China. No segundo dia da viagem o motor quebrou, e o barco ficou à deriva por cinco dias! Perdemos a noção de direção. Quando a primeira criança morreu, rezamos e a sepultamos no oceano enrolada em um cobertor.

Dois terços das pessoas começaram a perder a consciência devido à falta de comida e água. Eu me preparei para morrer também. A água em torno do barco estava cheia de peixes enormes e escuros... era apavorante! Na sétima noite, vimos uma luz fraca no céu noturno. De manhã cedo, nosso barco estava flutuando ao lado de um grande navio petroleiro, a cerca de 500 metros de distância. A tripulação nos viu e nos resgatou de um destino terrível. Graças a Deus e a Maria!

Agora estou ficando velho e tenho minha família, com três filhos. A cada dia percebo mais e mais quanto recebemos de Nossa Senhora e quantas graças recebemos de Deus, não importando onde estamos ou o que fazemos. Escapar do Vietnã do Sul foi um grande evento para mim. Que vida maravilhosa eu pude ter, com minha confiança em Deus e as bênçãos de Maria! Sempre é um prazer falar sobre Deus e Maria, e espero que minha história ajude as pessoas a amarem Nossa Senhora ainda mais.

- Minh Le, *oeste da Austrália*

China

Em 1952, o bispo chinês Ignatius Kung Pin-mei declarou o Ano de Maria em Xangai e ordenou que uma estátua de Nossa Senhora de Fátima passasse em rodízio por todas as igrejas da cidade, então sob pesado ataque do governo comunista. Na Igreja do Cristo Rei, onde uma prisão em massa de padres tinha ocorrido um mês antes, o bispo Kung iniciou o rosário em frente a centenas de policiais armados. Ele rezou:

– Santa Mãe, não pedimos um milagre. Não suplicamos que cessem as perseguições. Mas imploramos para que fortaleças os fracos entre nós.

Três anos mais tarde, o bispo Kung foi preso juntamente com outros 200 padres e líderes da igreja. Foi levado a um microfone diante de uma enorme multidão e ordenado a confessar seus crimes. Ele gritou:

– Longa vida ao Cristo Rei! Longa vida ao papa! – e a multidão fez coro.

Ao ser interrogado pelo promotor chefe, declarou:

– Você pode cortar minha cabeça, mas jamais roubará minha fé.

Recebeu como sentença a prisão perpétua.

O bispo Kung passou os trinta anos seguintes na prisão, a maior parte deles na solitária. Não recebia cartas nem visitas e não podia ter uma Bíblia nem outros objetos religiosos.

Mas ele conseguia escrever em minúsculos fragmentos de papel de arroz. Esses frágeis testamentos à fé, ocultos dos carcereiros, sobreviveram milagrosamente às repetidas revistas de sua cela e, levados para fora da China, foram revelados pela primeira vez em seu funeral.

– Nossa Senhora verdadeiramente é a mãe de nossa salvação – ele escreveu.

Pressionado a renunciar a sua fé, recusou estoicamente. Por fim, foi solto da prisão aos 86 anos de idade.

O bispo Kung disse que tinha consagrado três dioceses – Xangai, Nanking e Soochou – ao Imaculado Coração de Maria enquanto estivera preso.

– Tenho a confiança de que, ao seu próprio tempo, Nossa Senhora de Fátima vai salvar a China do mesmo modo como salvou a Rússia e o Leste Europeu da perseguição religiosa – ele disse. – Sim, os católicos romanos chineses conhecem bem Nossa Senhora de Fátima e suas promessas. Sempre houve uma forte devoção ao rosário na China.

Quando o bispo Kung finalmente viajou a Roma para uma audiência particular com o papa João Paulo II, ficou sabendo que tinha sido promovido a cardeal muitos anos antes, durante sua prisão. Embora tivesse a saúde frágil e se locomovesse com dificuldade, o novo cardeal deixou de lado sua bengala e subiu lentamente os degraus até se ajoelhar perante o papa. Visivelmente emocionado, João Paulo II ajudou o octagenário a se levantar e lhe deu seu chapéu de cardeal. Nove mil espectadores aplaudiram retumbantemente de pé por sete minutos o idoso que dedicara toda a sua vida à fé.

Um seminarista certa vez perguntou ao cardeal Kung como ele havia rezado durante seus trinta anos na prisão. Kung respondeu que os comunistas nunca haviam lhe tirado seu rosário. Confuso, o seminarista perguntou:

– Como o senhor conseguiu esconder o rosário ao ser revistado?

O cardeal simplesmente abanou com os dez dedos das mãos – substitutos para as dez contas de cada segmento do rosário.

– Ave-maria – disse. – Você sempre terá o seu rosário e nunca estará sem o auxílio da Santa Mãe.

Nossa Senhora verdadeiramente é a mãe de nossa salvação.

- Meditação sobre a crucificação de Jesus pelo cardeal Ignatius Kung, escrita na prisão (1955-1988)

A Senhora do Coração de Ouro

Bélgica

No fim do outono de 1932, na pequena cidade de Beauraing, perto de Bruxelas, Fernande Voisin, de 15 anos, e seu irmão Albert, de 11, iam a pé à escola do convento local para buscar sua irmã, Gilberte, de 13 anos. No caminho, pararam para pegar suas amigas e vizinhas Andrée Degeimbre, de 14 anos, e a irmã desta, Gilberte, de 9. Para evitar confusões entre as duas Gilbertes, a menina Voisin era chamada de Gilberte Grande, enquanto a mais nova, da família Degeimbre, era a Pequena Gilberte.

Os quatro amigos seguiam juntos no dia 29 de novembro de 1932, em um entardecer enevoado de outono. Um caminho de cascalho levava aos portões de ferro do convento. Uma linha férrea passava ali perto, cruzando uma ponte. Nos jardins em torno da escola do convento havia uma gruta simples dedicada a Nossa Senhora de Lourdes, perto de um pé de espinheiro-branco. Ao tocar a campainha do convento, Albert lançou um olhar para a gruta bem conhecida e viu algo estranho.

– Vejam! A Virgem, vestida de branco, está andando acima da ponte! – ele exclamou muito agitado, apontando na direção da imagem.

Sua irmã mais velha nem se deu ao trabalho de virar-se. Ela mesma já tinha pregado uma peça semelhante nos amigos outras vezes.

– Fique quieto, seu bobo – disse. – São os faróis de algum carro.

Mas Albert insistiu, e as três meninas se voltaram e viram a imagem que iria mudar suas vidas para sempre.

Acima da ponte, uma figura feminina de branco cintilante flutuava, os pés ocultos por uma pequena nuvem. Quando a irmã Valerie abriu a porta, as crianças gritaram:

– Irmã, a Virgem está na gruta! Está toda de branco. Estamos com medo!

– É só um galho balançando ao vento – ela garantiu a eles. Mesmo depois de acender as luzes do jardim, não conseguiu ver nada. – Vocês se enganaram, estátuas não se movem.

Gilberte Voisin espiou por trás do hábito da freira; ela também enxergava a senhora luminosa. Mas a irmã Valerie parecia indiferente. Apavoradas, as cinco crianças saíram correndo. Albert e Fernande iam na frente, com Andrée e Gilberte Voisin levando a Pequena Gilberte pela mão. Mas a velocidade era demais para ela, que tropeçou e caiu chorando. Quando pararam, os outros quatro olharam para trás: a figura ainda flutuava no ar.

Quando as crianças chegaram à casa dos Degeimbre, a história foi recebida com grande ceticismo. A família Voisin teve a mesma reação. Mas, apesar do medo, os jovens visionários dormiram profundamente aquela noite. A imagem que tinham visto era fascinante, e todos no fundo tinham desejado ficar um pouco mais na presença da senhora, pois ela era muito bonita.

Pela manhã, a curiosidade tinha superado o medo, e as crianças contaram sua história a quem estivesse disposto a ouvir. Mas ninguém acreditava nelas. Ao cair da noite, mais uma vez começaram sua caminhada diária até a escola de Gilberte. Percorreram o caminho de cascalho de olhos cobertos, com medo do que poderiam ver. Gilberte Grande veio encontrá-los no portão, e então todos viram a senhora brilhante outra vez.

A figura flutuava, deslizando para a frente e para trás acima da ponte. Dessa vez as crianças não pararam para observar e saíram correndo. Desconfiada de que estivessem sendo vítimas de um trote, madame Degeimbre decidiu acompanhá-las da próxima vez que fossem ao convento.

Um pequeno grupo havia sc reunido e seguia as quatro crianças pelas ruas de pedra. Madame Degeimbre, armada com um porrete de madeira, ia um pouco atrás, imaginando que, se as crianças aparentassem estar sozinhas, o responsável pela peça talvez agisse novamente, e ela o pegaria no ato.

Ao se aproximarem dos portões, mandou que as crianças seguissem em frente enquanto os adultos examinavam os jardins. Os quatro passaram dos portões, e Gilberte Grande veio encontrá-las. Subitamente, acima da gruta de Nossa Senhora de Lourdes, lá estava a mulher envolta em luz, com raios dourados em torno do rosto. Os gritos das crianças logo atraíram os adultos, que vieram correndo. Mais próxima do que das outras vezes, Maria se virou e sorriu para os pequenos, depois desapareceu.

Na noite seguinte, madame Degeimbre acompanhou novamente as crianças, dessa vez com madame Voisin e uma vizinha. Eram cerca de 20 horas, e a escuridão era quebrada somente pela lanterna de madame Degeimbre. Estavam a apenas alguns metros dos portões do convento quando as crianças caíram de joelhos no caminho de pedra, como se suas pernas tivessem cedido. Daquele dia em diante elas sempre iriam saudar Maria daquela forma, e embora muitas vezes fossem ao chão com grande força e velocidade, às vezes até rasgando suas meias, nunca se machucavam ou ficavam com marcas. Mais tarde, descreveriam a sensação como "ajoelhar em almofadas".

Naquela noite, as crianças olhavam atentamente para o galho torto de um pé de espinheira dentro dos portões do convento.

– Lá está ela, naquele galho – insistia Andrée.

Sacudida por lágrimas, só conseguia dizer:

– Como é linda!

Madame Degeimbre começou a andar na direção da árvore.

– Pare! – gritou Andrée – Vai pisar em cima dela!

Posteriormente, madame Degeimbre declarou:

– Foi aí que comecei a acreditar nas crianças.

Não eram só os pais das crianças que estavam céticos. Várias freiras as acusaram de serem falsas Bernadettes, imitadoras mal-intencionadas da santa visionária de Lourdes. Outras estavam certas de que as crianças tinham visto apenas faróis de carros ou as luzes dos trens que cruzavam a ponte. As crianças mais velhas foram alvo de críticas mais duras. Foram repreendidas por não controlarem a imaginação excessiva das menores, ou por enganarem-nas com fantasias. A madre superiora do convento, madre Théophile, proibiu os alunos de discutirem o assunto. Algumas freiras tinham uma atitude mais bem-humorada: uma delas afirmou brincando que ela própria era a aparição, apanhada durante uma escapadela pelos jardins do convento.

Duas noites depois, como as visitas continuavam, Albert decidiu falar com a visão.

– Você é a Imaculada Virgem? – perguntou.

A senhora respondeu apenas com uma ligeira inclinação da cabeça enquanto abria os braços.

– O que quer de nós?

Sua resposta foi simples, quase infantil. Em francês, ela afirmou:

– Sejam sempre bons.

Em uníssono, elas exclamaram:

– Sim, seremos sempre bons!

As crianças se animaram.

– Agora vocês vão acreditar em nós – disseram aos adultos –, pois, mesmo que não possam vê-la, devem ter escutado sua voz.

Mas os outros presentes não tinham ouvido nada: estavam cegos e surdos à presença de Maria. Só podiam ver e ouvir as respostas das crianças, que pareciam conversar com uma amiga imaginária.

Os adultos concluíram que Maria estava aparecendo apenas para as crianças. Para testar essa teoria, um morador da cidade, o monsieur Marischal, usou seu filho Leopold como cobaia, acordando a pobre criança no meio da noite para levá-la à rua fria com os visionários. Ao chegarem ao portão e verem a Virgem Santa, os cinco amigos caíram de joelhos. O sonolento Leopold também se ajoelhou alguns momentos depois.

– Está vendo alguma coisa? – perguntou seu pai.

– Absolutamente nada – foi a resposta da criança perplexa.

Mas as outras crianças estavam perdidas em um mundo diferente. Gilberte Voisin descreveu a aparição.

– Ela está usando... um vestido branco azulado, como se refletisse algo azul. A barra do vestido esconde seus pés e se funde à nuvem branca na qual ela pisa. Suas mãos estão unidas, e ela olha ou para o céu ou para nós.

Sorri e tem um véu branco na cabeça que cai sobre os ombros e chega quase a seus joelhos. Há raios de luz em torno de sua cabeça, muito finos e retos. São todos do mesmo tamanho e parecem emanar de seus cabelos.

Madame Voisin, a essa altura já convencida da autenticidade da aparição, visitou a madre superiora Théophile e relatou uma conversa séria entre seu esposo e a filha mais velha.

– Ontem chamamos Fernande, e o pai conversou com ela. Ele disse: “Você deve me contar a verdade e nada além da verdade. Está colocando a todos nós em uma posição muito séria. Se ficar provado que vocês estão mentindo e que não há um grão de verdade nesta história, estarão acabados, sem qualquer possibilidade de um futuro decente. Seremos ridicularizados e desprezados. Todos vão rir de nós. Você deve pensar muito seriamente sobre isso. Agora me conte o que realmente aconteceu.” Sem hesitar, Fernande respondeu: “Não posso dizer algo diferente do que já disse. Vimos a Virgem Santa e isso é tudo. Pode me bater se quiser. Pode até me matar, mas ainda vou dizer que vi a Virgem Santa.”

Na quarta noite das aparições, uma grande multidão se reuniu, incluindo muitos enfermos ansiosos por um milagre. As crianças pediram a Maria que curasse algumas pessoas, mas ela não respondeu com palavras nem gestos. Quando questionada, declarou que a veriam outra vez na Festa da Imaculada Conceição, em 8 de dezembro. Também disse que queria que construíssem uma capela.

Mais tarde naquela noite, o monsieur Voisin se encontrou com os pais de Paulette Dereppe, de 12 anos de idade. Havia quatro anos, ela sofria de uma infecção óssea debilitante, que a havia deixado com ossos frágeis e feridas abertas. Ao saber de seu sofrimento, ele imediatamente sugeriu que fosse ao portão do convento. Quando o monsieur Voisin, o jovem Albert e a família Dereppe retornaram ao local da aparição naquela mesma noite, um grupo de 30 pessoas ainda estava lá. Albert começou a rezar com elas, recitando a ave-maria muitas e muitas vezes. Então caiu de joelhos – Maria tinha aparecido. Ele pediu que ela curasse Paulette. Um instante mais tarde, Albert sorriu. Embora Maria não tivesse dito uma palavra, ele tinha confiança de que tudo ficaria bem.

– Paulette será curada – disse sem temor. – A Virgem sorriu com muita doçura quando fiz o pedido.

Depois daquela noite, Paulette não recebeu mais tratamento médico. Visitava o local da aparição todas as noites, tomando goles de água mexida com um ramo do pé de espinheira. Mas a cura milagrosa não acontecia, e sua condição não se alterava.

Então, cerca de dois meses mais tarde, em 15 de fevereiro, houve uma mudança dramática que pareceu piorar as coisas. Enquanto Paulette rezava o rosário sob a árvore, sua perna doente se encheu de uma dor tão intensa que ela teve que ser carregada para casa. A dor terrível a manteve acordada até quase 3 horas da manhã. Ao amanhecer, quando seu pai foi trocar os curativos da filha, uma grande ferida aberta tinha sido substituída por uma cicatriz. Logo eles se deram conta de que todas as feridas da menina estavam fechadas e cicatrizadas. Milagrosamente, anos de dor tinham se dissipado em apenas algumas horas.

A cura acelerada continuava. A menina que tinha passado uma boa parte da vida presa à cama estava em pé e ativa como qualquer criança da sua idade. Em maio ela já conseguia pedalar quase 20 milhas de bicicleta em um único dia. A doença havia ido embora para nunca mais voltar.

As aparições de Maria continuaram, e a multidão crescia. As crianças caíam de joelhos e recitavam a ave-maria em voz etérea e unida. Os espectadores diziam que as crianças falavam rapidamente, com vozes muito altas e agudas. Uma testemunha definiu a cena como "inesquecível" e disse:

– Nunca tinha ouvido algo parecido antes. Parecia penetrar no mais fundo da alma.

As preces estranhas e profundas tornaram-se parte de todas as aparições, assim como o violento e súbito cair de joelhos. As crianças nem sempre viam ou ouviam a mesma coisa. Às vezes algumas a escutavam falar, mas outras, não. Às vezes algumas das crianças não enxergavam nada.

Durante uma aparição em dezembro, o padre Maes ficou próximo às crianças para observar seus rostos. No momento da aparição de Maria, quatro delas se ajoelharam imediatamente, e suas vozes se alteraram enquanto elas rezavam. Albert se ajoelhou um pouco mais lentamente e com mais cuidado, para evitar ralar os joelhos. Ele parecia olhar na mesma direção das meninas, mas sua voz permaneceu a mesma e não assumiu aquele tom alto e agudo que já era característico das aparições. O padre Maes ficou desconfiado. Mais tarde, ao ser questionado, o pobre menino caiu em lágrimas.

– Eu não a vi – admitiu. – E foi terrível – ele acrescentou – sentir-se distanciado dela.

Todas as outras crianças deram a mesma descrição:

– Nossa Senhora é pequena. Parece não ter mais do que 1,20 m. Aparenta ser muito jovem, extremamente bela e fala com voz muito delicada e gentil. Sua imagem é tão nítida quanto a de qualquer pessoa ou estátua. Brilha com uma luz intensa, mas nunca nos ofusca.

As crianças foram submetidas a uma investigação minuciosa. Durante as aparições, eram queimadas com fósforos, beliscadas e espetadas com lâminas. Médicos tomavam seu pulso e acendiam lanternas em frente aos seus olhos. Quando estavam sob a influência de Maria, esses testes pareciam não ter qualquer efeito nocivo. As crianças permaneciam indiferentes a tudo o que se passava em torno, exceto à Virgem. Estavam em um estado de êxtase intenso.

A Virgem Maria visitou as crianças 33 vezes entre novembro de 1932 e janeiro de 1933. A cada vez a multidão se multiplicava, bem como os relatos de milagres. Maria falava com simplicidade, muitas vezes respondendo a perguntas feitas pelas crianças a pedido dos adultos. Às vezes dava instruções simples, como a hora do próximo encontro. Quando indagada sobre o que queria, respondia apenas:

– Uma capela.

Em 23 de dezembro, quando Fernande perguntou por que ela estava ali, Maria respondeu:

– Para que as pessoas venham a este lugar em peregrinação.

A madre Théophile, que sempre tivera suspeitas, queria ter certeza de que as aparições eram realmente de Maria, e não de alguma força sobrenatural mais sinistra disfarçada. Como a medalha de São Benedito tem a reputação de espantar forças do mal, ela afixou uma medalha ao ramo da espinheira onde Maria era vista com mais frequência.

Por alguns dias ela não apareceu, e as dúvidas da madre Théophile pareceram se confirmar. Então, em 27 de dezembro, Maria retornou em um horário fora do habitual, às 22 horas. As crianças tinham ido para os jardins do convento mais cedo naquela noite, mas depois de rezar tinham voltado para casa, resignadas em não ver Maria mais uma vez. A Pequena Gilberte Degeimbre não conseguiu dormir, sentindo dor de cabeça, e às 21h30 pediu para retornar ao local da aparição. Seus pais consentiram, e, junto com as outras quatro crianças, ela logo se reuniu a Maria.

Na noite seguinte, os relatos dos visionários diferiram entre si mais do que o normal. Enquanto Fernande não escutara nada, Gilberte Voisin ouvira apenas as palavras "última aparição", Gilberte ouviu "logo será a última vez que virei" e Andrée e Albert escutaram "logo será minha última aparição". Porém, embora as palavras exatas variassem, a mensagem era clara.

Na noite seguinte, 29 de dezembro, uma multidão de 8 mil pessoas se reuniu no convento. Maria apareceu na hora de sempre, mas desapareceu após cerca de 20 ave-marias. Vendo que as crianças não falavam, os médicos presentes presumiram que elas não tinham se comunicado com a Virgem e decidiram não fazer a entrevista habitual com as crianças após o fenômeno.

Mas Fernande insistiu.

– Vocês precisam nos fazer perguntas – exclamou. – Uma coisa nova aconteceu. Vi algo diferente. Quando a Virgem abriu os braços antes de desaparecer, vi seu coração, um coração dourado reluzente, cercado de raios de luz brilhante.

Somente Fernande o viu.

Na noite seguinte, Andrée e Gilberte Voisin também viram o coração de ouro, mas apenas Fernande escutou as palavras de Maria:

– Rezem, rezem muito.

Na visita seguinte, todas as crianças viram o coração.

– Rezem sem parar – disse Maria a Gilberte Voisin.

A aparição final foi em 3 de janeiro. Cerca de 30 mil pessoas se reuniram em frente ao convento. Era uma noite cinzenta, fria, e uma chuva leve caía incessantemente. A atmosfera parecia adequadamente sombria para uma despedida, algo que as crianças vinham lamentando desde o aviso de Maria.

Quando ela apareceu, elas caíram de joelhos – exceto Fernande, que não viu nada. A visão se apagou, e as crianças se levantaram para ir embora. Fernande não queria deixar o local.

– Quero vê-la – suplicou e teve permissão para ficar no jardim.

Noventa médicos e 30 outras testemunhas interrogaram as crianças. Maria tinha feito confidências particulares a algumas delas, as quais elas não quiseram divulgar. A Pequena Gilberte Degeimbre revelou apenas que Maria havia dito adeus e as palavras: "Isto fica entre nós, e peço que você não conte nada a ninguém." Para Andrée, ela simplesmente dissera:

– Eu sou a Mãe de Deus, a Rainha dos Céus. Reze sempre. Adeus.

Também tinha se despedido de Gilberte Voisin e dito:

– Hei de converter os pecadores – além de confidenciar um segredo que Gilberte não quis revelar.

A jovem notou que a figura de Maria parecia mais luminosa e sorridente do que o normal.

Albert também foi muito discreto.

– Ela falou comigo, mas me proibiu de contar o que ouvi e por isso não vou falar – disse.

Ao ser indagado se a mensagem da Virgem tinha sido triste ou alegre, ele respondeu:

– Triste.

– Para quem? – perguntaram os adultos.

– Para mim – retrucou o menino.

A pobre Fernande esperou ao relento por um longo tempo, e muitos adultos permaneceram com ela. De repente, escutaram um som trovejante, explosivo, e viram um flash de luz. Naquele momento, Fernande finalmente viu Maria e caiu de joelhos, rezando e soluçando.

– Você ama o meu filho? – Maria perguntou.

Fernande respondeu:

– Sim.

– Você me ama? – ela continuou.

– Sim – disse Fernande.

– Então se sacrifique por mim – com essas palavras enigmáticas, ela abriu os braços. – Adeus.

"Como devo me sacrificar?", perguntou-se Fernande. "Tornando-me freira e dedicando minha vida à oração? Sendo missionária?" Mas Maria tinha desaparecido.

– Quando me dei conta de que jamais a veria novamente neste mundo, comecei a chorar.

Após o fim das aparições, as duas famílias se esforçaram para continuar vivendo uma vida comum, apesar das intromissões de curiosos e peregrinos suplicantes. As crianças continuaram devotas de Maria pelo resto da vida. Todas se casaram e formaram família; algumas viajaram, algumas permaneceram em Beauraing. Gilberte Degeimbre, a mais jovem, é a única visionária ainda viva. Ela se casou, teve dois filhos e foi viver na Itália. Ainda visita Beauraing de vez em quando.

E o "sacrifício" de Fernande Voisin? Ela se casou, teve cinco filhos e, após uma vida tranquila, faleceu em 1979.

As investigações continuaram em Beauraing, assim como os milagres. O casal Voisin, ambos católicos não praticantes, retornou à religião. Para Gilberte Voisin, uma das crianças mais devotas, essa foi uma resposta particularmente significativa às suas preces.

Uma das curas mais dramáticas foi o caso de Marie van Laer. Portadora de uma doença degenerativa, ela estava coberta de tumores, praticamente paralisada e confinada ao leito. Cinco peregrinações a Lourdes não haviam surtido melhoras. Alguns meses após o fim das aparições, convenceu sua família a levá-la até Beauraing. Tinha apenas 33 anos e estava perto de morrer. Ela visitou Gilberte Degeimbre, que lhe disse para ir ao pé de espinheira onde Maria tinha aparecido tantas vezes.

Deitada em sua maca em frente à árvore, Marie sentiu uma felicidade súbita e profunda. A dor estava deixando seu corpo. Sentou-se e escreveu um cartão postal para a família, coisa que havia muito era incapaz de fazer. As cinco crianças chegaram e, juntas, rezaram o rosário. Quando Marie foi levada embora, Gilberte encorajou-a:

– Tenha confiança. Se não se curar aqui, ainda poderá melhorar quando voltar para casa.

Um dia depois de chegar em casa, Marie começou a caminhar outra vez. Os tumores tinham desaparecido, e sua perna, antes inchada, voltara ao tamanho normal.

– Não há mais nada a fazer – disse o médico da moça depois de examiná-la. – Ela está curada.

A viagem seguinte de Marie a Beauraing foi em ação de graças. Ela se juntou às Irmãs Franciscanas da Sagrada Família e levou uma vida saudável e ativa cuidando dos outros como haviam cuidado dela.

Até hoje os peregrinos continuam a lotar o santuário de Beauraing, ansiosos para rezar para a Senhora do Coração de Ouro que conclama todos ao amor e à cura.

Nossa Senhora de Beauraing, Imaculada Virgem,
levai a Jesus, vosso filho, todas as intenções que vos confiamos neste dia.
Mãe do coração de ouro, espelho da ternura do Pai,
olhai com amor para os homens e mulheres de nosso tempo
e enchei-nos da alegria da vossa presença...

- Prece a Nossa Senhora de Beauraing

Minha devoção

Nossa Senhora tem um lugar muito especial nas Ilhas Maurício. Seu santuário fica ao pé da Montanha do Sinal, aqui na capital, com vista para o porto e a cidade de Port-Louis, protegendo a nação. A estátua da Rainha da Paz se ergue majestosamente sobre um altar ao ar livre, cercada de jardins de roseiras.

Eu nasci na rua Mother Bartelmy, em frente à igreja. Nosso portão dava para a entrada lateral. Meus pais me batizaram de Marie porque nasci em 25 de março, dia da Festa da Anunciação de Nossa Senhora.

Em dias especiais, como na minha primeira comunhão, nós vestíamos roupas finas. Eu tinha 7 anos, e a manhã de domingo estava ensolarada. Visitamos amigos e parentes e distribuímos brioches (um pãozinho doce com uma cruz em cima) que as famílias tinham levado à igreja em cestas no dia anterior para serem benzidos.

Na tarde do domingo da minha crisma, houve uma procissão com as crianças, seus pais e amigos e o resto da congregação. Todas as meninas usavam guirlandas de flores brancas na cabeça, e os meninos levavam as suas nas mãos. Ao longo do caminho, recitamos o rosário e cantamos hinos de louvor a Nossa Senhora. Após uma breve cerimônia, cada criança ofereceu sua guirlanda à Virgem. Ainda me lembro de alguns versos do hino que cantamos enquanto oferecíamos as flores: "Por favor, tomai estas flores que ofereço. Um dia elas me serão devolvidas no paraíso."

Quando era criança, recordo que eu sempre ia à igreja para as novenas com minha mãe, e a missa da meia-noite no santuário era algo de outro mundo.

Embora muitas coisas tenham mudado, ainda faço questão de ir lá quando retorno à ilha nas férias.

Nossa Senhora teve e ainda tem um impacto profundo em minha vida. Sempre que me sinto perdida, triste ou exasperada, peço a ela que me envolva em seu manto de paz para que eu encontre consolo e forças para prosseguir.

- Marie, *oeste da Austrália*

A Virgem dos Pobres

Bélgica

Uma espiada pela janela da cozinha transformou para sempre a vida de Mariette Beco, de 11 anos. Mariette vivia em uma casinha humilde na periferia de Banneux-Notre-Dame, 15 km ao sudeste de Liège, perto da fronteira com a Holanda e a Alemanha. O pequeno povoado ficava em uma das áreas mais pobres da Bélgica, e a casa dos Beco ficava à beira de uma grande floresta de pinheiros.

Era uma noite de domingo de vento e neve no início de 1933, e Mariette, a filha mais velha, estava sentada com sua mãe e o bebê esperando o retorno de seu irmão de 10 anos. Espiando pela janela em busca de um sinal dele, Mariette vislumbrou uma figura estranha. Era uma mulher jovem de sorriso amável. Emoldurada por uma luz suave, ela usava um vestido branco fulgurante de colarinho alto e ampla saia, que caía em pregas longas e elegantes. Uma faixa azul-celeste estava amarrada em sua cintura, e na cabeça ela trazia um véu branco transparente. Mariette se virou para esfregar os olhos e ajustar a lâmpada, imaginando se tratar de um reflexo da luz. Mas, quando voltou a olhar para a janela, a mulher ainda estava lá. Suas mãos estavam unidas e apontavam para baixo de um modo pessoal, familiar. A mãe de Mariette riu da filha.

– Talvez seja a Santa Virgem – desdenhou.

Mariette não achou graça e insistiu que a mãe fosse à janela olhar também. Ao espiar pelo vidro, madame Beco viu uma figura brilhante e pouco nítida, vestida de branco. Pensando ter visto um fantasma ou uma bruxa, ficou apavorada. Mariette pegou o rosário e começou a rezar, mas então viu os lábios da jovem se moverem, chamando-a. Quando Mariette pediu permissão para seguir a senhora, a mãe recusou terminantemente e trancou a porta. Retornando à janela, Mariette viu que a figura tinha ido embora. Seu irmão chegou em casa logo depois, e não se falou uma palavra sobre o incidente. A família foi dormir.

No dia seguinte, na escola, Mariette relatou a história para sua amiga Josephine durante o recreio da manhã. Josephine achou que ela estivesse brincando e riu, provocando Mariette até esta começar a chorar. Ver a amiga aos prantos causou estranhamento em Josephine. Mariette era uma menina prática, sensata e do tipo moleca, que não se abalava facilmente. Josephine aconselhou a amiga a falar com o padre local. Assim, depois das aulas, as duas meninas foram ao presbitério do padre Louis Jamin.

O jovem padre conservador escutou a história com certo ceticismo. A última aparição em Beauraing, a apenas 80 km dali, tinha sido relatada somente doze dias antes do encontro de Mariette. A família Beco raramente ia à igreja, e Mariette fora repreendida com tanta frequência por faltar às aulas de catecismo que tinha desistido completamente do curso. Como muitas famílias belgas, os Becos tinham se desiludido com a Igreja, associando a instituição à burguesia, que era vista como indiferente às necessidades dos pobres durante a Grande Depressão.

O padre Jamin suspeitou que a menina tivesse visto a estátua de Nossa Senhora de Lourdes na igreja e baseado sua "visão" na imagem. Sutilmente, tentou fazê-la admitir a verdade. Mariette bateu com o pé no chão, irada com o ceticismo do padre.

– Eu sei muito bem o que vi – insistiu. – Tenho certeza!

Parecia provável que ela tivesse escutado histórias românticas sobre Maria e imaginado uma para si. O padre a aconselhou a não contar a ninguém sobre o ocorrido e mandou-a embora.

Ele observou Mariette atentamente nos dias que se seguiram. Para sua surpresa, ela começou a aparecer com muito mais frequência na missa e nas aulas de catecismo, participando tanto quanto podia. Parecia sincera, mas, embora impressionado com o esforço da menina, o padre ainda não estava convencido de que qualquer evento extraordinário tivesse ocorrido.

Em 18 de janeiro, por volta das 19 horas de mais uma noite fria e ventosa, Mariette saiu de casa sem fazer barulho. Aquele era um comportamento particularmente estranho para a menina, que tinha medo do escuro. Mas ela não passou despercebida, pois o padre não era a única pessoa a observá-la. Seu pai, Julien, ficara curioso quanto à história da filha depois que um experimento com uma lamparina a óleo não conseguiu reproduzir a aparição. Julien seguiu Mariette e viu-a se ajoelhar junto ao caminho que levava à casa da família. Ela começou a rezar o rosário, estendendo os braços para o vazio.

Ao se ajoelhar no solo gelado, Mariette viu algo espetacular. Lá no céu, acima da floresta sombria, estava uma mulher. A bela desconhecida parecia muito pequena de início, mas, enquanto Mariette a observava, pareceu crescer, como se estivesse se aproximando muito rápido, até parar um pouco acima do chão, perto da menina. Usava vestido e véu brancos com uma faixa azul em torno da cintura, e seus pés repousavam em uma pequena nuvem cinza. Raios curtos de luz rodeavam sua cabeça, e um rosário de contas brancas pendia de sua mão direita. O pé direito estava exposto, revelando uma rosa dourada.

O pai de Mariette viu a filha mais velha se ajoelhar na escuridão gélida.

– Está ficando louca! – exclamou irritado, mas ela não deu sinal de ter ouvido.

Intrigado, ele não quis tocá-la, mas pegou a bicicleta e correu para chamar o padre.

O padre tinha saído, então ele buscou um vizinho e o filho deste, que vieram imediatamente. A essa altura, Mariette tinha se movido, seguindo a figura, que recuava e gesticulava para que a jovem a acompanhasse.

Indiferente aos que a observavam, Mariette seguiu a figura até a estrada. Os homens chamaram:

– Aonde você está indo? Volte aqui! – mas ela estava profundamente concentrada.

– Ela está me chamando – disse e continuou a seguir a figura que somente ela conseguia ver.

A senhora parou duas vezes, e Mariette reagiu imediatamente caindo de joelhos com um baque no chão gelado e duro. A senhora finalmente se deteve às margens de um pequeno riacho.

– Ponha as mãos na água – disse a Mariette. – Esta fonte é reservada para mim.

Com essas palavras, ela voltou para o lugar de onde tinha vindo, recuando no ar até desaparecer. Mariette levantou-se lentamente, como se despertasse de um sonho. O pai tomou-a pela mão e a levou para casa, escutando a filha descrever sua incrível experiência. Ela foi para cama, e o pai, ainda perturbado, foi procurar o padre Jamin. Acompanhado de outro padre, eles retornaram à casa e encontraram Mariette em sono profundo.

No dia seguinte, o padre transmitiu o relato ao seu bispo, e naquela noite Mariette saiu de casa mais uma vez para a noite fria. O pai a seguiu, e a figura apareceu como antes. Eram 19 horas novamente. Dessa vez Mariette falou com a mulher e perguntou quem ela era.

– Eu sou a Virgem dos Pobres – ela respondeu, levando Mariette outra vez ao mesmo riacho gélido da noite anterior.

A menina continuou a questioná-la.

– Ontem você disse que "esta fonte é reservada para mim". Por que "para mim"?

A senhora riu da confusão de Mariette.

– Esta água está reservada para todas as nações – explicou. – É para curar os enfermos. Rezarei por você.

Naquela noite, Mariette foi interrogada por muito tempo. Mas também tinha as suas próprias perguntas a fazer. Sentia-se grata por ver Nossa Senhora, mas não conseguia compreendê-la muito bem. Só entendeu o significado da palavra *nações* depois que lhe mostraram um mapa do mundo.

Mariette não conseguiu dormir por muito tempo, então ficou na cama no dia seguinte. Seus pais não queriam que ela fosse rezar no jardim naquela noite, e ela ameaçou pular pela janela se não a deixassem sair. Às 18h45 levantou-se, vestiu-se e foi para o jardim.

– Ah, lá está ela! – exclamou animada. – O que deseja, minha bela senhora?

Maria sorriu e respondeu:

– Quero uma pequena capela.

Mariette viu a senhora fazer o sinal da cruz no ar e depois perdeu os sentidos. Foi carregada para dentro e colocada na cama, onde se recuperou quase imediatamente.

Passaram-se três semanas até Mariette ver Maria outra vez. A menina se ajoelhava fielmente no jardim todas as noites, rezando o rosário. Às vezes estava só, às vezes seus vizinhos vinham observá-la. Em uma ocasião, um grupo de jovens fez troça dela. Ela suportava provocações constantes de seus amigos, vizinhos e familiares, particularmente da avó e das tias. As crianças faziam a genuflexão na frente dela de brincadeira, chamavam-na de Bernadette (a visionária de Lourdes) e imitavam grosseiramente a Virgem Maria. Em uma ocasião, Mariette levou uma surra muito forte. Poucos visionários tinham sofrido tanto quanto ela.

Então, em 11 de fevereiro, dia da Festa de Nossa Senhora de Lourdes, as preces de Mariette foram atendidas. Maria reapareceu e a conduziu ao riacho. A menina caiu de joelhos e mergulhou a mão na fonte, benzendo a si mesma.

– *Je viens soulager la souffrance* – disse a senhora em francês. – Vim aliviar o sofrimento.

E foi embora outra vez, deixando Mariette banhada em lágrimas. Ela pediu ao pai que traduzisse as palavras em francês para o seu dialeto belga, o valão. Mesmo assim, não compreendeu exatamente o que significava *aliviar*. Mariette suspeitava que fosse uma coisa boa, pois a senhora estava sorrindo ao falar. Só o que ela sabia era que sua amada senhora tinha ido embora, e ela sentia sua falta. A História viria a conferir um sentido adicional às palavras de Maria: ela aparecera apenas doze dias após Adolf Hitler chegar ao poder na Alemanha.

Quando Nossa Senhora apareceu outra vez, quatro dias mais tarde, Mariette estava sentindo a pressão dos céticos à sua volta. O padre Jamin exigia uma prova das aparições.

– Santa Virgem, o padre ordenou que eu lhe pedisse para nos dar um sinal – disse a menina.

– Creia em mim – Maria respondeu simplesmente –, e eu hei de crer em você. Reze muito.

Maria repetiu esse conselho três vezes e depois contou um segredo a Mariette, deixando-a em lágrimas outra vez. A menina guardou o segredo fielmente, embora muitas pessoas a interrogassem sobre ele.

– Podem me matar como fazem com os coelhos! – gritou. – Mesmo assim não vou contar!

Na noite seguinte Mariette se ajoelhou na neve, rezando o rosário enquanto esperava por Maria. De repente, a velocidade e o volume de sua voz aumentaram dramaticamente. Maria tinha aparecido e mais uma vez conduzia Mariette ao riacho.

– Querida filha, reze muito – insistiu.

Mariette chorou "porque ela foi embora rápido demais".

A aparição final veio dez dias depois. Uma chuva forte caíra a tarde inteira, mas Mariette se ajoelhou no jardim com o rosário enquanto uma mulher segurava um guarda-chuva sobre sua cabeça. O grupo de testemunhas recitou dois rosários inteiros antes das nuvens se abrirem e as estrelas surgirem no céu azul profundo.

Dessa vez, Maria parecia triste.

– Eu sou a Mãe do Salvador, Mãe de Deus – disse. – Reze muito. Adeus.

Ela pousou as mãos em Mariette, abençoando-a e fazendo o sinal da cruz. Enquanto se afastava, flutuando por cima dos pinheiros pela última vez, Mariette se jogou no chão, chorando e rezando ave-marias entre soluços.

– A Santa Virgem não vai voltar mais – afirmou. – Ela disse adeus.

O pedido de Maria foi atendido, e uma pequena capela foi construída em sua homenagem. Logo se tornou um centro de peregrinação, fé e cura para todas as nações, exatamente como Maria prometera. Desde então, santuários semelhantes foram construídos no mundo todo: no Brasil, na França, na Romênia, na Holanda, no Congo Belga, na Alemanha, na

Áustria, na Índia e na Itália. Uma igreja maior, diversas ordens religiosas, casas de retiro e instituições de auxílio aos pobres e necessitados também foram estabelecidas em Banneux. Bandeiras de todas as nações enfeitam o santuário, como um lembrete da dádiva de Nossa Senhora a todos os povos, e pequenas placas na rua marcam cada ponto onde Mariette parou e se ajoelhou diante de Maria enquanto esta a conduzia à fonte.

Poucas pessoas estiveram presentes durante as visões de Mariette, talvez não mais do que 40 em todo o período das aparições. Mesmo assim, a notícia se espalhou. Em 2006, cerca de meio milhão de peregrinos visitou Banneux. As instalações foram adaptadas para receber enfermos e deficientes, permitindo que as bênçãos de Maria cheguem a todos, como ela mesma pediu. Em 2008, o santuário comemorou o 75º aniversário das aparições.

Quanto a Mariette, ela se dedicou ao cuidado dos peregrinos doentes e necessitados que visitavam o santuário até casar-se e constituir sua própria família. Está com 87 anos e vive tranquila e discretamente perto de Banneux. Ela encontrou Maria oito vezes, mas sempre viu a si mesma como um instrumento da graça.

– Minha missão foi como a de um carteiro que entrega correspondência – disse. – Agora já transmiti a mensagem confiada a mim pela Virgem e, assim como o carteiro segue seu caminho depois de entregar as cartas, quero me retirar para viver em paz e oração sem ser perturbada.

A última aparição pública de Mariette foi em maio de 1985, quando o papa João Paulo II visitou o local das visões e eles tiveram um encontro. Ela raramente retorna à capela hoje em dia. Seu trabalho está concluído. Para muitos outros, Banneux é um centro de cura e graça, um lugar onde a Virgem dos Pobres concede a todas as nações a dádiva de uma vida nova.

Maria das Neves

Itália

O milagre de Nossa Senhora das Neves remonta ao ano de 352. Um casal romano idoso rezava para Maria pedindo orientação sobre como gastar sua fortuna, uma vez que não tinham herdeiros.

Certa noite, ela apareceu e lhes disse para construírem uma igreja em sua homenagem no Monte Esquilino, acrescentando que indicaria o local exato por meio da neve. O casal ficou intrigado, pois era agosto, um dos meses mais quentes do ano na Europa. A neve é rara em Roma, mesmo no inverno, e muitos anos passam sem um floco sequer. Naquela noite, o papa Libério recebeu a mesma mensagem de Maria em um sonho muito vívido.

Na manhã de 5 de agosto, uma multidão estupefata se reuniu no Monte Esquilino. Em pleno verão, ele estava tomado de branco. Quando o casal e o papa chegaram, descobriram uma grande área coberta de neve que formava o perfil de uma igreja. Assim que foram tomadas as medidas do desenho, a neve desapareceu. O casal sabia o que devia fazer e doou o dinheiro para a igreja que viria a ser conhecida como a Basílica de Santa Maria Maior. Essa resposta às preces de um casal sem filhos é considerada a igreja mais antiga dedicada a Maria no Ocidente, a mãe de todas as igrejas consagradas a ela no mundo.

A cada ano, a data de 5 de agosto ainda é comemorada com uma chuva de pétalas brancas jogadas do domo da capela durante a missa e vésperas. Elas caem quando se ouvem as palavras: "Ele derrama sua neve como lã..." O jasmim branco simboliza a pureza, a inocência de Maria, e as pétalas de rosas representam a rosa mística em si.

Dentro da basílica, um antigo ícone bizantino é venerado na Capela Borghese. Ele foi supostamente levado a Roma por Santa Helena, a mãe de Constantino, o primeiro imperador cristão. A pintura, que se acredita ser obra de São Lucas Evangelista, salvou Roma duas vezes: uma vez da peste, em 604, e novamente durante uma epidemia de cólera, mil e duzentos anos mais tarde. Logo se tornou conhecida como *Salus Populi Romani,* a Saúde do Povo Romano, e protetora da cidade.

Uma história milagrosa, que remonta ao ano de 597, fala de uma peste terrível que dizimava famílias inteiras. O papa Gregório, o Grande, conduziu o ícone em procissão à tumba de Adriano. Quando a multidão chegou ao local, um coro divino estava cantando em latim: "Rainha dos Céus, regozijai-vos, aleluia; pois aquele a quem vós carregastes, aleluia; ressuscitou como havia prometido, aleluia."

Os peregrinos ficaram pasmos. O papa, muito emocionado, rogou a Maria:

– Rezai por nós, aleluia!

Naquele momento, o Arcanjo Miguel, que segundo a tradição vence todo o mal, apareceu sobre a tumba de Adriano de espada em punho. Guardou a espada na bainha com um gesto simbólico poderoso. A peste havia sido derrotada. O povo foi embora, aliviado pela certeza de que suas preces haviam sido respondidas. Daquele momento em diante, a tumba de Adriano tornou-se conhecida como o Castelo Sant'Angelo. A prece ensinada pelos anjos, *Regina Coeli,* ou Rainha dos Céus, é cantada até hoje.

Cópias desse ícone milagroso se espalharam pelo mundo todo. Em cada país a imagem sofreu ligeiras alterações para refletir novas culturas. A imagem original passou a ser conhecida como Nossa Senhora da Neve, ou Senhora das Neves, devido à associação com a igreja milagrosa da Itália. No seminário bávaro de Ingolstadt, na Alemanha, a imagem ficou conhecida como *Mater Admirabilis* e depois como *Mater ter Admirabilis,* a Mãe Três Vezes Admirável. Na China, é conhecida como a Madona de Singanfu. Uma cópia chinesa do século 16 está guardada no Museu de História Natural de Chicago.

A devoção a Maria como Nossa Senhora das Neves chegou ao meio oeste americano em 1941 pelas mãos do padre Paul Schulte, conhecido como "o padre voador do Ártico". Membro dos Missionários Oblatos de Maria Imaculada, ele pilotava seu avião a missões remotas nas profundezas do Ártico, levando suprimentos e ajuda médica. Através de seu trabalho, desenvolveu uma forte devoção pessoal a Nossa Senhora das Neves.

O padre Paul pediu que um artista, J. Watson Davis, pintasse uma imagem de Nossa Senhora das Neves que também mostrasse um missionário em um avião indo ajudar uma missão inuíte. Nela, Nossa Senhora das Neves está cercada pelos raios fulgurantes da aurora boreal, ou sol da meia-noite.

Depois de concluir seu trabalho no Ártico, o padre Paul se retirou para o seminário de Santo Henrique, em Belleville, no estado americano de Illinois, e o quadro ficou exposto na capela do seminário. Sua influência continuou a crescer, e a devoção local a Maria acabou se traduzindo em uma novena perpétua a Nossa Senhora das Neves.

Quando uma nova capela foi construída no seminário, foi incluída uma capela lateral especial para a pintura. A primeira novena solene ao ar livre foi realizada em 1951, terminando em 5 de agosto, dia de Nossa Senhora das Neves. A novena se tornou um evento anual, e logo os peregrinos começaram a comparecer aos milhares.

Por fim a capela modesta ficou pequena demais para tantos peregrinos. Os Missionários Oblatos de Maria Imaculada procuraram um local mais adequado. Vários anos depois, o encontraram: uma propriedade de 80 acres nos penhascos às margens do rio Mississipi.

Uma associação de pessoas leigas devotadas a Maria foi formada. Elas compraram outros 20 acres, e a construção de um grande santuário começou. Hoje, o Santuário Nacional de Nossa Senhora das Neves se espalha por 200 acres e é visitado por mais de 1 milhão de pessoas a cada ano. O retrato do padre voador com a Senhora das Neves está pendurado no saguão do centro de recepção aos visitantes. Na igreja, foi colocado um novo ícone de Nossa Senhora das Neves.

Hoje, Nossa Senhora das Neves tornou-se um ícone peregrino em um dos maiores eventos católicos do mundo, o Dia Nacional da Juventude. Jovens peregrinos se reúnem por uma semana em um país diferente a cada ano em um evento de prece e devoção que culmina com uma missa oficiada pelo papa. Milhões se reúnem nessas ocasiões, e a atmosfera é cheia de energia. Como Nossa Senhora das Neves foi pintada como Hodigitria, ou ícone guia, ela é a líder perfeita para unir a juventude do mundo todo em oração.

O papa João Paulo II deu uma cópia contemporânea do ícone a um grupo de jovens de Colônia em 2003, em preparação para o grande Dia Mundial da Juventude que foi realizado na cidade em 2005.

– Hoje também lhes confio... o ícone de Maria – disse ele. – De agora em diante, ele vai acompanhar o Dia Mundial da Juventude, juntamente com a cruz... Será um sinal da presença maternal de Maria na vida dos jovens que escutam seu chamado... para que a recebam em suas vidas.

Desde esse dia, a cópia do ícone de Nossa Senhora das Neves foi levada a todas as peregrinações do Dia Mundial da Juventude.

Nossa Senhora estava presente no cenáculo com os apóstolos que esperavam Pentecostes. Que ela seja vossa mãe e guia. Que ela vos ensine a receber a palavra de Deus, valorizá-la e refleti-la em vossos corações, como ela mesma fez por toda a vida.

- Papa Bento XVI

A história de um peregrino moderno

Aprendi a amar Maria desde muito cedo. Minha mãe me ensinou a rezar o rosário, e juntos orávamos em ação de graças ou em momentos de dificuldade, por motivos grandes ou pequenos, ou até sem um motivo específico. Mesmo quando eu estava na escola primária, rezava antes dos exames escolares. E Nossa Senhora sempre me consolou, das formas mais simples possíveis.

Em 2002, tive a maravilhosa oportunidade de comparecer ao Dia Mundial da Juventude em Toronto, no Canadá. Foi uma semana incrível, cansativa, porém gratificante. Eu ia voltar via Estados Unidos e Nova

Zelândia. Não estava muito feliz com o voo de onze horas, mas pelo menos estaria acompanhado de amigos. Isto é, caso a minha longa fila andasse a tempo para eu embarcar...

Faltavam vinte minutos para o embarque quando finalmente cheguei ao balcão da imigração. Então me pararam e disseram que eu não poderia entrar nos Estados Unidos. Eu mal pude acreditar.

Durante a semana que passei no Canadá, as leis americanas tinham mudado. Portadores de passaporte indonésio, como eu, agora precisavam de visto para entrar nos EUA. Embora eu tivesse visto de residência permanente na Austrália, não podia pisar em solo americano, mesmo que fosse apenas dentro de um aeroporto.

Reclamei inutilmente, e me mandaram solicitar um "visto de traslado sem permissão". Nesse meio-tempo, meus companheiros de peregrinação estavam embarcando no avião que logo os levaria aos EUA e depois para casa. Eu jamais conseguiria ir com eles. Depois que a papelada foi preenchida, um segurança me escoltou até o próximo avião vindo de Toronto. Segundo meus cálculos, eu chegaria a Los Angeles com tempo suficiente para embarcar para a Nova Zelândia no mesmo voo que meus amigos. Mas uma tempestade de neve atrasou meu voo por duas horas. Tanto azar era inacreditável! A chance de perder a conexão só aumentava. Eu não me importava de enfrentar o voo de onze horas sozinho, mas seria muito mais agradável estar com meu grupo de peregrinos. Sem outro recurso, peguei meu rosário e comecei a rezar. Era um pedido impossível, mas pedi mesmo assim: "Por favor, Maria, permita que eu pegue o mesmo voo que os outros. Só você pode me ajudar agora!"

Quando o avião parou, fui o primeiro a desembarcar. No que deve ter sido a conexão mais rápida da história da aviação mundial, corri de um avião ao outro e ao entrar vi o primeiro rosto conhecido: meu amigo Craig. Ao lado dele, o arcebispo de Perth, na Austrália!

Meus amigos peregrinos tinham atrasado o voo por minha causa. Eu não conseguira contar a eles sobre o problema do visto, mas eles imediatamente notaram minha ausência. O avião saiu pelo menos meia hora mais tarde de Toronto porque o pessoal de terra teve que verificar a lista de passa-

geiros da qual meu nome tinha sido removido eletronicamente. Só quando se deram conta do que tinha acontecido foi que puderam finalmente decolar, dando ao meu avião o tempo necessário para alcançá-los após a nevasca.

Os peregrinos estavam sentados nos assentos do fundo. Fui o último passageiro a embarcar. Quando eles me viram entrando, o voo todo explodiu em aplausos. Era um milagre. Maria garantiu que seu peregrino extraviado seguisse viagem com seus amigos.

- Daryl, *oeste da Austrália*

Conclusão

O manto de Maria se estende por todos os cantos do mundo, e seu amor e sua graça se derramam sobre todos os seus filhos. À medida que as comunicações se aceleram e o mundo parece encolher, surgem mais histórias de Maria, e mais pessoas aprofundam sua devoção a essa figura maravilhosa e misteriosa. Mas com a disseminação de informações vem a necessidade de uma postura responsável e um coração criterioso. O discernimento é a agudeza do espírito que ajuda a encontrar a verdade. Aqui, também, Maria é nossa guia. Quando o anjo apareceu diante dela e lhe pediu para carregar o Filho do Senhor, ela não aceitou imediatamente. Fez perguntas para discernir a verdade antes de entregar o coração e a vida à tarefa.

O discernimento é essencial em cada experiência com Maria. Em todas essas histórias está presente um forte elemento de intuição. Às vezes, as pessoas simplesmente sabem que estão na presença do sagrado quando encontram Maria, quer a identifiquem imediatamente ou não. Outros têm menos convicção. A fé e o intelecto precisam andar de mãos dadas se quisermos compreender Maria na sua plenitude. Experiências espirituais são mais do que apenas sentimentos, e pode-se aprender muito se as abordarmos com uma combinação de abertura e discernimento. Fazer perguntas, observar, investigar são parte importante de todos os encontros com Maria, garantindo que, com o amor que lhe dedicamos, virá um pouco de sua sabedoria.

O discernimento também foi importante ao escrever este livro. Ouvi histórias, pesquisei, questionei, rezei e às vezes consultei padres e outras autoridades em Maria. Nem todas as histórias sobre ela estão incluídas aqui, porque algumas não foram avaliadas a fundo. Algumas foram difíceis de excluir por serem muito bonitas, mas sob a superfície deixavam algo a desejar. As verdadeiras histórias de Maria têm uma profundidade e uma sabedoria que nutrem e inspiram.

Escrever este livro foi uma experiência incrível, muito desafiadora e profundamente pessoal. Muitas vezes, sentei-me para escrever e descobri sentidos ocultos na data ou alguma ligação com uma experiência pessoal minha. As histórias de Maria ao longo do tempo e do espaço se interligam e se cruzam como o tecido de seu manto, ao mesmo tempo intrincadas, delicadas e consoladoras.

Ao escrever este livro, senti que me tornei parte dessa grande tapeçaria. Não posso dizer que agora esteja loucamente apaixonada por Maria. Mas meu amor por ela, como todos os grandes amores, cresceu gradualmente, e minha apreciação dela se aprofundou. É difícil não se emocionar ao entrar em um salão paroquial cheio de refugiados da Segunda Guerra Mundial que sinceramente acreditam que Maria salvou suas vidas. Ou sentar-se na sala de estar de alguém e ver as lágrimas correrem de seus olhos enquanto eles contam a uma desconhecida sobre tudo o que a Santa Mãe lhes ofereceu. Ou entrar em uma igreja copta, ortodoxa ou católica e reconhecer em um canto uma imagem antiga e familiar de Maria, um lembrete da mesma grande devoção, expressa de forma tão bonita e singular em religiões que evoluíram por caminhos diferentes ao longo de muitos séculos. É como voltar para casa.

É difícil compreender todo o mistério e o significado de Maria para tantas pessoas. Mas espero que estas páginas expressem um pouco do sentido da jornada de diferentes indivíduos e ofereçam um pequeno vislumbre do amor profundo e inigualável de Maria.

Agradecimentos

Este livro não teria sido escrito sem o apoio e as preces de muitas pessoas.

A inspiração de Maggie Hamilton foi a primeira a me conduzir a este livro, e o incentivo de Carmelo Musca me ajudou a aceitar o desafio de escrevê-lo. Seu apoio contínuo foi inestimável.

Um dos grandes prazeres de escrever este livro foi conhecer e absorver a sabedoria de várias pessoas maravilhosas de diferentes religiões. Agradeço ao padre Brian O'Loughlin, Juliet Mascarenhas, Vicariato Apostólico do Kuwait, padre Hugh Thomas, padre Anthony Van Dyke, padre Nektarios Serfes, padre Doug Harris, bispo John Mackey, bispo Hilton Deakin, padre Abram Abdelmalek, padre John Schroedel, Orthodox Wiki, padre Ron Gagné, MS, Centro de Comunicações de La Salette, padre Henry Grodecki, Associação da Medalha Milagrosa, padre Alfonsas Savickis, Vicky e todos os integrantes do Ministério Aborígene WA, arquidiácono Sergei Okunev, padre Tomas Bujakowski, padre Jesus Bello, padre Andre Mary Feain, padre Dominic Savio, bispo Ross Davies, padre Neville Connell, Chris St John e todos os integrantes da Sociedade de Maria, padre Leszek Czelusniak, irmã Veronica Therese Willaway, padre Roman Wroblewski, SDS, Irmãs Carmelitas de Gelorup, Irmãs Ursulinas de Fremantle, Irmãs de Schoenstatt de Armadale, bispo Pat Dunn, abade Gilon, santuários de Beauraing, padre Sunil De Silva, Arquidiocese de Colombo, Apostolado Latino-americano dos Padres Basilianos e padre Henry Grodecki, da Associação da Medalha Milagrosa.

Muito obrigada também a Elisabeth Econquer, MDN, M.N.K. Boulos, Wendy McKinley, Joan Peters, Joseph Kung, Fundação Cardeal Kung, abade Placid, Comunidade Beneditina de Nova Norcia, irmã Zita, skete.com, Stan Kain, Phillip Apergis, aperges.com, Valentina Okunev, Ann Ball, Jennifer Jetton, Santuário Nacional de Nossa Senhora das Neves, Belleville, Illinois, Anne Milton, Santuário Católico Romano Nacional de Walsingham, Santuário Anglicano de Nossa Senhora de Walsingham, Frades Franciscanos da Imaculada, comunidades de Montallegro e Monte Vergine, comunidades Paulinas da Austrália (Marian Valley e Penrose Park), Exército Azul, Apostolado Mundial de Fátima, EUA, Megan R. Pritchard, Comunidade das Servas da Eucaristia de Seitai Hoshikai, Akita, Japão, bispo Isao Yama Kikuchi, arcebispo Barry Hickey, padre Van Vinh Doug, Angelo Cacciola Donati, La Convivialitá, Montallegro, P.D. Benedetto OSB, Peter Macken, Abadia de Monte Vergine, abade Joseph Cassart, Banneux, Anny de Deyn, Donal Foley, dra. Virginia Kimball, Paddy e Rita Mcgrane, Roma Martino, David de Armey, Keith Gardine, Servos de Maria Auxílio dos Cristãos, Wanda Harasymow, Editora do Santuário de Knock, Andrei Zlate e Stephenie, Pat Lavelle, George e Rita Jacob, Eileen Davidson, minhas tias Moira Selvage e Ellen Curran, Ted Harasti e Michael P. Duricy.

Quero deixar um agradecimento muito especial a Angela Handley, Kathy Mossop, Sarah Hickie, toda a equipe da Allen & Unwin e todos os que contribuíram com tempo, esforço e histórias do mundo todo, muitos dos quais optaram por permanecer anônimos. Obrigada também aos amigos que ofereceram seu apoio por meio de palavras de incentivo, revisões de texto e conselhos, incluindo Bronia Karniewicz, Ekaterina Lygoti, Paul Bui, Verity Gorddard, Natalie Thomas, Clare Pike, Beatrice Yong, Miller Lokanata, Daryl Pranata, Jen Grout, Anita Parker, Agata Sadowska, Gray Hutchins, Grant Gorddard, Rachel Way, Lydia Fernandez, Yasmine e Ali Hussaini, Irene Wellm, Marianne Delouge, irmão Giles, irmã Juanita e todas as participantes e vencedoras do Prêmio Catherine McAuley de 2007. Tenho uma imensa dívida de gratidão para com minha excelente auxiliar de pesquisa, Martina Aliraja, sempre tão animada e dedicada, que encontrou tantos materiais fabulosos e ajudou a traduzir muitos textos do francês.

Diversas influências muito fortes também ajudaram a fazer deste livro o que ele é e de mim a pessoa que sou, e é a uma delas, minha querida avó Margaret (Marjorie) Mary Phillips, que dedico esta obra. Com ela aprendi a amar a leitura e a oração, a cultivar uma mente aberta e inquisitiva e um coração amoroso. Minha principal devoção a Maria, como Nossa Senhora do Perpétuo Socorro, veio através dela. Três mulheres italianas muito fortes também foram cruciais na formação da minha pessoa e da minha fé e no meu apreço por Maria: minha nona Celesta Azzolini, madre Agostina Marchetti e Marisa Venturi, que foram como mães para mim do outro lado do mundo. Tenho certeza de que a nona e a madre estão me observando e rindo lá de cima. Nos céus também está o meu querido avô Stanley Walter Phillips.

Obrigada a toda a minha família, amigos e colegas de trabalho que me aguentaram, particularmente meus amados pais, Philomena Myra Curran e Peter Curran. E a meu pobre irmão mais velho, Sean, que teve que revisar tantos textos.

Muito obrigada a Edson Sandrini (da Secretaria de Pastoral, Gestão – Área de Apoio ao Romeiro) e a Dorothéa Barboza (do Centro de Documentação e Memória) pelo uso da Oração a Nossa Senhora Aparecida e por sua ajuda em minha pesquisa. Obrigada também a Zenaide Martins e à Legião de Maria, Brasil, por seu apoio e suas orações. Faço um agradecimento especial a Ronaldo, Isaura, Ricardo e sua família por terem dividido conosco sua linda história.

Agradeço ao padre Darci José Nicioli, C.Ss.R., reitor do Santuário Nacional de Aparecida, ao padre Evaldo César de Souza, C.Ss.R. (Aparecida TV) e a Livia Moraes, secretária do reitor, pela ajuda com o texto.

Gostaria de fazer um agradecimento muito especial a Maria Thereza R. de Queiroz e Martha Maria R. de Queiroz pela generosidade em disponibilizarem tempo, talentos, orações, histórias e fé. Obrigada, Martha, pelo extenso trabalho de tradução, pelas belas fotos de Aparecida e por sua paciência interminável. Jamais a esquecerei e tenho certeza de que Nossa Senhora Aparecida vai abençoá-la e guiá-la para sempre.

Eu jamais teria concluído minha tarefa sem todas essas pessoas. Não acredito que vá algum dia entender completamente por que fui chamada a escrever este livro, mas sempre serei grata por ele.

"A Santa Virgem me escolheu apenas porque eu era a mais ignorante."

\- Santa Bernadette de Lourdes

Créditos fotográficos

Estatueta de Maria. Foto de Bridget Curran

Nossa Senhora de Matara. Foto do padre Sunil de Silva, http:// archdioceseofcolombo.com

Maria de Vailankanni, Igreja da Santa Trindade, Embleton, oeste da Austrália. Foto de Bridget Curran

Nossa Senhora de Guadalupe. Imagem cortesia do Santuário Nacional de Nossa Senhora das Neves, Estados Unidos

Nossa Senhora de Walsingham © Santuário Católico Romano Nacional, Walsingham, Inglaterra

Nossa Senhora de Le Puy. Foto cortesia de David P. de Armey

Ícone da Virgem com a Criança, Axion Estin (It Is Truly Meet). Hagiógrafo: monge Michael, Monte Atos. Imagem cortesia de Aperges & Co., http:// www.aperges.com

Nossa Senhora de Montallegro. Cortesia de Angelo Cacciola Donati, La Convivialitá, Itália. Imagem © La Convivialitá

Nossa Senhora do Perpétuo Socorro, Monastério Redentorista, norte de Perth. Foto de Bridget Curran

Santuário de Nossa Senhora de Knock. Foto © Editora do Santuário de Knock

Ícone de Nossa Senhora de Czestochowa. Foto de Bridget Curran

Imagem cortesia do Santuário Nacional de Nossa Senhora da Medalha Milagrosa, Perryville, Missouri, Estados Unidos

Nossa Senhora de Lourdes. Imagem cortesia do Apostolado Mundial de Fátima, Estados Unidos

Nossa Senhora da Palavra – Nyina Wa Jambo. Foto cortesia do padre Leszek Czelusniak, Centro de Formação Mariana, Cana, Ruanda

Nossa Senhora de Fátima. Igreja de Nossa Senhora Rainha dos Apóstolos, Riverton, oeste da Austrália. Foto de Bridget Curran

Nossa Senhora de Akita. Imagem cortesia da Comunidade das Servas da Eucaristia de Seitai Hoshikai, Akita, Japão

Nossa Senhora de La Vang, Centro Comunitário Católico Vietnamita, Westminster, oeste da Austrália. Foto de Bridget Curran

Nossa Senhora das Neves. Imagem cortesia do Santuário Nacional de Nossa Senhora das Neves, Estados Unidos

Nossa Senhora da Arábia. Imagem cortesia do Vicariato Apostólico do Kuwait

Sugestões de leitura

Attwater, Donald. *A Dictionary of Mary*. Londres: Longmans, Green and Co., 1957

Beevers, John. *The Sun Her Mantle*. Dublin: Browne & Nolan Ltd, 1954

Chiffolo, Anthony F. *100 Names of Mary*. Cincinnati, OH: St Anthony Messenger Press, 2001

W.D. Creede. *Make Her Known: A Redemptorist Tribute to God's Mother*. Perth: Redemptorist Monastery (livreto)

Cruz, Joan Carroll. *Miraculous Images of Our Lady*. Rockford, IL: Tan Books and Publishers, lnc., 1993

Delaney, John J. (org.). *A Woman Clothed With the Sun*. New York: Doubleday & Company, lnc., 1961

Newton, Father Paul A. *Making Sense of Private Revelations*. Victoria, Australia: Divine Mercy Publications, 2004

Papa João Paulo II. *Memória e Identidade*. Rio de Janeiro: Objetiva, 2005

Papa João Paulo II. *A Mãe do Redentor*. São Paulo: Edições Paulinas, 1987

Hahn, Scott. *Hail Holy Queen: The Mother of God in the Word of God*. New York: Doubleday, 2001

Weigel, George. *Witness to Hope: The Biography of Pope John Paul II*. New York: Harper Collins, 1999

Conheça também outros livros da FUNDAMENTO

CRIANDO BEBÊS

Howard Chilton

Os nossos bebês são nossa imortalidade, aqui e agora. Eles também são a melhor experiência disponível de crescimento pessoal. Criar bebês é uma parte essencial da existência.

CRIANDO MENINAS

Gisela Preushoff

Este livro vai acompanhar você. Trata-se de chamar a atenção para alguns perigos e como preveni-los e, principalmente, mostrar um caminho para a boa convivência entre você e sua filha.

CRIANDO MENINOS

Dr. Steve Biddulph

Quem tem meninos hoje está preocupado. Toda hora eles enfrentam problemas. Os pais gostariam muito de entendê-los e de ajudá-los a serem amáveis, competentes e felizes. O livro discute de forma clara, leve e emocionante as questões mais importantes sobre o desenvolvimento de um homem, do nascimento à fase adulta. Para mães e pais de verdade.

CRIANDO FILHOS

Steve e Shaaron Biddulph

Experientes e inspiradores, os autores oferecem exemplos práticos e bem-humorados de como aproveitar ao máximo os primeiros anos de desenvolvimento de seus filhos.

CRIANDO ADOLESCENTES

Michel Carr-Gregg e Erin Shale

A sociedade gostaria que os adolescentes logo alcançassem o amadurecimento emocional, mas isso não é simples... A adolescência mudou! Criando adolescentes revela os conhecimentos de que os pais precisam durante essa fase.